KB167909

베네딕트 앤더슨 자서전

경계 너머의 삶

A Life Beyond Boundaries

베네딕트 앤더슨 자서전
경계 너머의 삶

베네딕트 앤더슨 지음 · 손영미 옮김

연암서가

옮긴이 손영미

서울대학교 영어교육과를 졸업하고, 같은 대학원 영문과에서 석사학위를 받았다. 박사과정 수료 후 미국 오하이오 주 켄트 주립대학교 영문과에 진학, 석사학위를 받고, 에밀리 디킨슨의 시간시(時間詩) 연구로 박사학위를 받은 후 강사로 근무했다. 1995년부터 원광대학교 영문과 교수로 재직 중이다. 지은 책으로 『The Challenge of Temporality: The Time Poems of Emily Dickinson』, 『English in Action』, 『서술이론과 문학비평』(공저), 옮긴 책으로 『여권의 옹호』, 『이선 프롬』, 『암초』, 『늑대와 함께 달리는 여인들』, 『여섯 살』, 『훌륭한 군인』, 『교수처럼 문학 읽기』(공역), 『현대 서술이론의 흐름』(공역), 『이상한 나라의 앨리스』, 『트로이 전쟁』 등이 있다. 영문학 안에서는 서술이론(narrative theory), 페미니즘, 유토피아 문학, 사상사 등에 관심을 가지고 있다.

베네딕트 앤더슨 자서전

경계 너머의 삶

2019년 2월 20일 초판 1쇄 인쇄
2019년 2월 25일 초판 1쇄 발행

지은이 | 베네딕트 앤더슨
옮긴이 | 손영미
펴낸이 | 권오상
펴낸곳 | 연암서가

등록 | 2007년 10월 8일(제396-2007-00107호)
주소 | 경기도 고양시 일산서구 호수로 896, 402-1101
전화 | 031-907-3010
팩스 | 031-912-3012
이메일 | yeonamseoga@naver.com

ISBN 979-11-6087-044-2 03990
값 17,000원

차례

1. 동남아시아의 발견

한 권의 책이 거대한 문이 되어 새로운 땅, 새로운 시간을 열어 줄 때가 있다. 바로 옆에 늘 있었지만 한 번도 생각지 못한 것을 일깨워 주거나, 낯익은 대상을 완전히 새로운 눈으로 보게 해 주는 책이 있다. 여행 중에 들른 이국적인 섬, 열대 식물이 우거진 적도 근처의 낯선 도시, 초라한 도심을 달리는 수백 대의 오토바이 행렬, 헐벗은 아이들과 병든 고양이가 지켜보는 가운데 추가 요금을 내고 듣는 '원주민 마을' 여성의 가믈랑 연주…. 내게 동남아시아는 그런 곳이었다. 말도 안 되는 가격에 과분하게 화려한 조식을 먹고, 몇 푼의 돈으로 한 시간 넘게 발 마사지를 받으며 왠지 불편한 우월감과 끈질긴 미안함을 느끼게 되는 곳. 꿈같은 풍경과 저렴한 경비의 유혹에도 불구하고 동남아 여행을 꺼린 이유가 그것이었다.

그러다가 아예 동남아에 발을 끊게 만든 소녀가 있었다. 우리와 똑같은 아시아 사람인데 자정이 넘도록 호텔 커피숍에서 일하다가 낡은 오토바이로 수십 분을 달려 밀림 속 동네로 퇴근한다는 작은 '원주민' 소녀 앞에서 정말 쥐구멍이라도 있으면 들어가고 싶었다. 일제강점기의 종군위안부, 한국전쟁 후의 기지촌 여성도 딱 그렇게 필사적인 일상을 살았을 텐데, 그렇게 가까운 과거를 다 잊고 마치 제국의 숙녀라도 된 듯 그녀의 서빙을 받으며 여유 있게 이브닝 커피를 마셨던 것이다. 그 날 나는 밀림에 있다는 소녀의 동네만 모른 게 아니라, 그녀로 하여금 한밤중에 혼자 오토바이로 수십 킬로미터를 달려 퇴근하게 만드는 그 나라의 과거와 현재에 대해서도 전혀 모르는 상태였다. 말하자면 나는 여행사 홈페이지에 실린 몇 장의 환상적인 사진 말고는 동남아에 대해 아는 게 거의 없었다. 그 '원주민' 소녀의 나라와 대한민국, 그녀의 삶과 (서양인들에게 또 다른 '원주민'이었던) 우리 소녀들의 삶이 약간의 시차를 제외하면 거의 똑같다는 사실도 내 머릿속에는 없었다.

베네딕트 앤더슨의 『경계 너머의 삶』은 그런 무지가 나 개인만의 문제가 아니라, 우리 사회와 교육의 문제임을 일깨워 주었다. 미셸 푸코의 말마따나 지식의 범위와 내용 역시 철저히 정치적인 문제였던 것이다. 며칠 전 중국 유학생들과 식사하는 자리에서, 한국과 미국의 관계처럼 보통 중국인들이 가장 가깝게 느끼고, 잘 알고, 그 눈을 통해 세계를 보는 나라가 어디냐고 묻자 두 사람이 동시에 "러시아"라고 대답했다. 최근의 중·러 관계를 고려하면 좀 의외였지만, 같은 사회주의 국가라서 그렇다는 학생들의 설명은 차치하고라도, 한국전쟁 등 근대 아시아 역사에서 두 나라가 해온 역할을 생각하면 너무도 당연한 일이었다. 우리가 19세기 말 이후 일본이나 미국이라는 렌즈를 통해 세계를 보게 되었듯이, 바로 그렇게 중국인들은 미국이나 일본이 아니라 러시아를 통해 세상을 보고 있었다. 그리고 바로 그런 식으로 6·25 전쟁 이후의 한국에서 동남아는 별로 언급하거나 가르치고 싶지 않은 금단의 영역이었던 것이다.

예컨대 1965년 10월, 좌익 쿠데타 진압을 빌미로 쿠데타를 일으켜 정권을 잡고 무려 100만 명의 공산주의자를 학살하고 150만 명을 투옥시켰으며, 유신헌법에 의해 구성된 통일주체국민회의(1972~80)와 거의 똑같은 대통령 간선 기관(1969년에 입법; MPR, 1978~98)을 통해 잡은 정권의 주도하에 일련의 경제개발 5개년 계획(1969~98)을 추진하고, 그 과정에서 350억 달러를 횡령해 20세기 최악의 부패 지도자로 역사에 남은 수하르토를 우리 신문이나 교과서가 굳이 언급할 필요는 없었을 것이다. 그의 전임자 수카르노가 일제 치하에서 저지른 친일 행적이나 1957년에 선포한 계엄령, 종신 대통령 추대 역시 한국의 학교나 언론에서 자세히 다루기에는 너무 친숙하고도 불편한 주제였으리라. 바로 그 수카르노가 조국 해방을 위해 네덜란드에 맞서 싸우다 3

년간의 수감 및 10년의 유형 생활을 하고, 강력한 반미, 반제국주의 정책을 시행하고, 1955년 미·소에 맞서 아시아·아프리카의 권익을 도모하기 위해 29개국 지도자들을 초대해 반둥회의(Bandung Conference)를 개최함으로써 진정한 민족주의적 영도력을 보여 주었다는 사실 또한 우리 국민들이 알 필요는 없었으리라. 이 책을 읽으면서 여러 번 얼굴을 붉히게 되는 것은 우리가 근대를 살면서 겪어 온 일, 목도해 온 사건들이 실은 서구 열강의 침탈과 그 후폭풍으로 고통 받은 아시아 여러 민족의 경험과 거의 똑같은 순서와 양상으로 펼쳐졌는데, 그들보다 몇 년더 빨리 경제 발전을 이루었다고 해서 (그리고 그런 역사나 주요등장인물들에 대한 지식을 철저히 차단당했다고 해서), 마치 우리는 아주 오래 전에 그 모든 상처와 폭력의 과거를 다 떨치고 세계적인 수준의 경제와 문화를 누리고 있는 양 살아 왔다는 것을깨닫게 되기 때문이다.

이 책의 가장 큰 매력이 바로 그것이다. 자서전 형식의 이 글에서 저자는 미국이나 한국, 태국이나 인도네시아 등, 어느 한나라의 관점이나 입장이 아니라, 그야말로 서양과 아시아를 종횡무진 누비며 열정적으로 그 국가의 언어와 문화를 공부하고, 그 나라 사람들과 교류하고, 그들의 역사와 정치를 심도 있게연구하면서 비교 분석하는 그야말로 '앤더슨적인' 학자로서의여정을 묘사하고 있다. 영어, 라틴어, 프랑스어, 인도네시아어,

자바어, 순다어, 태국어, 타갈로그어, 스페인어 등 10여 개의 외국어를 통달할 만큼 강한 학구열과 다양한 문화에 대한 호기심, 특유의 겸손함과 친화력, 양가의 여러 선조로부터 물려받은 진실과 정의에 대한 열망, 어린 시절부터 평생 기쁨과 영감의 원천이 된 문학과 예술에 대한 사랑이 그로 하여금 러시아로부터 필리핀까지, 세계 여러 나라의 역사와 문화를 애정과 겸양의 눈으로 들여다보고, 서구 중심의 시각에서 벗어나 아시아의 정치와 문학을 공부하게 했으며, 이념이나 장르의 구분 없이 유연하고 복합적인 연구를 하게 해주었다.

앤더슨이 코넬 대학교 동남아시아 프로그램에 유학 와 있는 외국 학생들과 "매일 끊임없이 마주치며" 친밀하게 어울리는 모습, 친구들과 밀수용 고무 원료를 숨긴 악취 나는 퇴비 위에 앉아 트럭으로 이동하는 장면, 일면식도 없는 라와망군의 대학생들과 난생 처음으로 사롱을 입고 지독하게 매운 인도네시아 음식을 먹으며 즐겁고 느긋한 시간을 보내는 장면, 인도네시아 독재 정권의 제재나 보복이 예상되는 상황에서도 『코넬 페이퍼』를 통해 좌익 학살을 폭로하는 과정, 자바의 무장 민병대장 빠르만 장군이든, 필리핀 반일 좌익 게릴라의 간부든, 신변의 위험이나 이념의 차이에 관계없이 스스럼없이 만나 인간적인 교감을 나누고 사건의 진실을 규명하는 장면에서 우리는 자신이 그 동안 얼마나 깊고 어두운 우물 안에 갇혀 있었는지 깨닫고 새삼 몸서리치게 된다.

한국의 연간 해외 여행객이 3천만 명을 넘고, 웬만한 사람은 중국, 동남아, 유럽은 물론 남미의 갈라파고스 제도, 심지어 중미의 작은 섬 세인트루시아까지도 어렵지 않게 갈 수 있는 세상이지만, 그래서 몸은 전 지구를 다니고 입으로는 세계의 온갖 음식을 맛보지만, 사실은 지금도 우리는 보고 싶은 것, 보도록 교육 받은 것, 봐도 문제없는 것만 보고, 미국이나 일본 중심의 시각으로 지구 전체를 해석하고 있다. 한국뿐 아니라 세계 어느 나라든 앤더슨 같은 선각들이 없다면 아무리 시간이 흘러도 이런 사정은 변하지 않을 것이다. 사랑도 그렇지만 지식이야말로 권력과 가장 밀접한 현상, 가장 정치적인 영역이기 때문이다. 『경계 너머의 삶』은 일견 평온해 보이는 일상 속에서 우리가 간과하기 쉬운 역사와 정치의 엄청난 무게, 우리가 아무렇지도 않게 주고받는 차별과 억압, 무지와 폭력의 행동들을 다시 한 번 정확히 인식하고 평가하도록 일깨워 주는 책이다.

2. 민족주의와 아시아의 근대: 연대와 해방

1940년대 중반 인도네시아의 정치 상황을 다룬 박사학위 논문부터 사후에 출간된 『경계 너머의 삶』까지, 앤더슨의 작품 세계를 꿰뚫는 주제가 있다면 그것은 자유와 해방일 것이다. 그에게 세계적인 명성을 가져다 준 대표작 『상상의 공동체』(1983)는 주지하다시피 '민족주의'를 새롭게 정의하고, 그 발생 과정과 역사적 의의를 규명한 작품인바, 어떻게 보면 동남아시아의 독립 투쟁과 비극적인 근대사, 발전 과정을 주 연구 대상으로 하는 그의 저작들은 대부분 그 책으로 귀결되고, 그 책에서 연유한다고 볼 수도 있다.

널리 알려진 바와 같이 앤더슨은 '민족'을 태곳적부터 존재해 온 유기적이고 초역사적인 실체가 아니라 서구에서 18세기 후반에야 등장한 근대 자본주의의 산물이라고 본다. '민족주의'는 과학 기술의 발달과 경제 및 소통 방식의 변화로 기독교 및 라틴어의 권위와 절대 왕권이 약화된 결과 생겨난 개념이라는 것이다. 그 중에서도 가장 중요한 것이 인쇄술인데, 활자화된 매체들을 통해 각 언어의 철자와 문법이 통일 및 고착되고, 구성원들에게 같은 공동체의 일원이라는 소속감과 동질감을 주면서, 그들을 다른 공동체로부터 구분해 주는 국경이 있고(limited), 주권을 지닌(sovereign) 민족국가들이 형성되었다는 것이다.

그런데 민족이라는 개념이 이처럼 관념적이고 허구적(constructed)임에도 불구하고, 그것이 상상력에 주는 영향은 대단해서 구성원들로 하여금 국가를 위해서라면 살인은 물론 자신의 목숨까지도 바칠 수 있다고 느끼게 만들었다. 표준화된 달력, 시계, 책이나 신문은 전 국민을 '비어 있는 동질적 시간'을 공유하는 단일 공동체의 일원이라고 느끼게 했고(『상상의 공동체』, 1991, p.

45), 인구 조사, 박물관, 역사, 위인전, 지도(같은 책, 서문 p. 14) 역시 그런 느낌을 강화하는 데 기여했다. 앤더슨의 이런 '민족주의' 개념에 대해 몇몇 비평가들은 유럽 역사만을 모델로 한 서구 중심적 시각이다, 역사 변화에서 남성의 역할만 중시하는 성차별적 주장이다, 역사의 관념적 측면만 중시하고 공동체를 구성하고 재구성하는 데 있어 중요한 역할을 한 현실적인 요인들을 과소평가하는 개념이다 등, 다양한 비판을 제기했지만, 『상상의 공동체』는 민족과 공동체에 대한 논의의 프레임을 변화시켰을 뿐 아니라, 그 분야의 어떤 연구자도 간과할 수 없는 근본적인 저작의 하나가 되었다.

애초에 저명한 역사가인 동생 페리 앤더슨의 마르크스적 시각과, 그가 편집하던 『뉴 레프트 리뷰 *New Left Review*』(1960~)에 관여하는 학자들을 염두에 두고 썼다는 이 책은 일견 공존하기 어려운 마르크스주의와 민족주의의 연결 고리를 마련한 것으로 평가받고 있다. 한 사회의 경제와 문화의 관계를 상부구조와 하부구조로 구분해 설명한 마르크스, 그 구조를 유지하기 위해 동원되고 마치 공기처럼 구성원들의 삶에 편재해 있는 이데올로기적 기제들(ISA)을 분석한 루이 알튀세, 남녀의 성차(性差)를 자연과 양육(nature vs. culture)으로 나누어 논의한 페미니즘, 그리고 한 집단의 언어나 어휘가 필연적인 것이 아니라 어떤 구조 안의 상호 관계에 의해 상대적으로 결정된다는 소쉬르의 이론과 아주 비슷한 방식으로, 『상상의 공동체』는 '민족'이라는 해묵은 개념을 전통적인 실체적 존재에서 하나의 '구축된(constructed)' 개념, 그래서 해체와 분석이 가능한 가변적인 존재로 변화시켰다. 마르크스와 알튀세의 이데올로기 이론이 경제 현실이나 사회 계층의 근본 구조와 변화 가능성을 논의함으로써 온 세계의 정치를 혁명적으로 변화시키고, 자연과 양육 중 주로 후자를 통해 성차가 만들어진다(constructed)는 점을 지적함으로써 페미니즘이 여성들의 삶을 근본적으로 변화시켰듯이, 앤더슨의 민족주의 개념은 아시아의 해방기는 물론 현 시점에도 부당한 억압과 차별, 착취에 시달리는 수많은 개인과 집단에게 새롭게 구축된 그들만의 정체성, 공통의 언어, 투쟁 수단을 제공함으로써 연대와 자유의 가능성을 열어 주고 있다.

『경계 너머의 삶』은 앤더슨이 이런 민족주의 개념을 토대로 동남아시아 여러 국가의 역사와 문화를 천착한 과정을 보여 주는 일종의 연구사(史)이기도 하다. 그리고 그 중 가장 인상적인 것이 바로 혼종성(hybridity)과 연대의식(comradeship)이다. 일례로, 그의 또 다른 주저(主著) 『세 깃발 아래에서』(2005)에 주요 인물로 등장하는 필리핀의 민족주의자 호세 리살(José Rizal, 1862~96)은 위대한 소설가였을 뿐 아니라 스페인, 파리, 독일에서 공부한 뒤 개업한 안과전문의였고, 조각가, 화가, 교사, 농부, 역사가, 극작가, 기자였으며, 시, 건축, 지도학, 경제학, 인류학, 사회학, 무술에도 조예가 깊은, 한 마디로 다재다능한 천재였다. 앤더슨 본인 역시 정치 논문을 쓸 때 전기, 자서전, 문학작품, 그리고 최근에는 영화를 인용하고, 소설이나 단편소설을 번역, 감수하고, 신문이나 유명 웹사이트에 기고하는 등, 평범한 정치학자와는 너무도 다른 연구 및 글쓰기 방식을 구사해 많은 학자들이 그를 뭔가 다른 분야의 연구자로 오해하곤 했다고 한다(Patricio Abinales, "Yes, Benedict Anderson Was a Political Scientist," *The Washington Post*, Dec. 21, 2015). 『상상의 공동체』에서 핵심적인 개념으로 등장하는 크리올(creole) 역시 같은 맥락에서 이해할 수 있다.

아일랜드계 아버지와 영국계 어머니 사이에서 태어난 앤더슨은 그의 출신이나 생애도 그렇지만, 정치나 문화 연구에 있어서도 어느 한 개인이나 국가, 문화가 다른 개체들을 지배하고 억누르는 제국주의적 사고방식에 대해 거의 본능적인 거부감을 노정한다. 그와 동시에, 언제 어디서 누구를 만나고 어떤 논의를 하든 민주적이고 호혜적인 태도를 유지하는데, 그것이 바로 정치학이나 인류학자로서의 앤더슨이 이론이나 현장 연구에서 그토록 큰 성공을 거둔 비결일 것이다. 10여 개의 언어를 구사하지만 그중 어떤 말로 대화하든 상대방의 문화를 깊이 존중하고, 가장 솔직하면서도 정중한 방식으로 배우고 소통하며, 그 나라 고유의 사고 체계와 생활 방식을 그들의 관점에서 이해하려고 애쓰는 그의 태도는 전공 분야를 떠나서 모든 학자에게 귀감이 될 것이다.

근본적으로 민주적이고 진보적인 그의 이론과 시각은 개인이든 국가든 그 안의 다양한 요소와 개체들이 평등하고 조화롭게 공존하며 상생해야 한다는 그의 믿음에서 비롯된 것으로 보인다.

연대 의식은『상상의 공동체』에서도 중요한 개념이지만(애국심), 앤더슨의 여러 저작에서 핵심적인 주제 중 하나다. 수백 년간 서구 제국주의와 일제의 억압과 폭력에 시달려 온 동남아의 국민들에게 연대는 변화와 해방의 필수 조건이었다. 이 자서전에 나오는 다양한 동남아 학생이나 민족주의자들과의 우정과 협업도 인상적이지만,『세 깃발 아래에서』에 등장하는 젊은 아나키스트들의 연대와 소통은 경이로울 정도다. 그 단적인 예로, 호세 리살의 동지이기도 했던 필리핀의 민족주의자 마리아노 폰세(1863~1918)가 1897년 5월부터 1900년 3월까지 주고받은 243통의 서신을 보면, 필리핀, 일본, 스페인, 쿠바, 오스트리아-헝가리, 네덜란드, 포르투갈, 영국, 미국, 캐나다, 중국 국적의 서신 교환자들이 일본, 스페인, 필리핀, 홍콩, 프랑스, 미국에서 보낸 것으로 드러난다(『세 깃발 아래에서』, 서지원 옮김, 도서출판 길, 2009, pp. 302~303). 자서전에서도 중요하게 다루어진 전보(電報), 편지 등 현대적인 소통 수단이 아나키스트 민족주의 청년들의 국제적인 연대와 더 효과적인 투쟁을 가능하게 했다. 이 젊은이들의 노력과 희생이 20세기 중반부터 한국을 비롯한 아시아 여러 국가의 독립과 문화 발전을 일구어낸 것이다.

그의 여러 저작을 보면 앤더슨은 조국 독립을 위해 혼신의 힘을 다해 능력을 기르고, 동지들과 연대하고, 필요하다면 목숨까지도 바친 아시아와 남미의 젊은이들을 진심으로 존경했으며, 그들의 생애와 작품을 그야말로 헌신적으로 연구했다. 그가 현직에 있을 때는 물론 은퇴 후에도 오랫동안 동남아 여러 나라의 영화, 소설, 문화를 열정적으로 공부하고, 번역하고, 외부에 소개한 것도 그들의 풍부한 개성과 뜨거운 민족혼을 진심으로 사랑했기 때문일 것이다. 네덜란드 식민 통치와 일제 강점기, 무장 혁명기의 비극을 그린 『화염과 불씨에 휩싸인 인도네시아』를 쓴 꾸위 띠암 찡이나, 『초기 스페인 선교사들의 기록에 나타난 필리핀의 악마』를 쓴 이사벨로 데 로스 레예스, 『호랑이 인간』과 『아름다움, 그것은 상처』를 쓴 소설가 에카 쿠르니아완, 수하르토 치하에서 오랜 수감 생활을 한 소설가 프라무디아 아난타 투르, 영화 〈열대병〉을 만든 태국의 아핏차퐁 위라세타쿨 같은 이들의 작품을 번역하고, 소개하고, 분석한 데는 물론 예술적인 이유도 있었겠지만, 무엇보다도 가장 독특하고 풍요로운 방식으로 조국의 고통스러운 역사와 현안들을 그려내고, 고민하고, 새로운 시대를 열 길을 찾으려는 그들의 필사적인 노력에 혁명과 해방의 동지로서 동참하고 싶은 그의 열망이 더 크게 작용했을 것 같다.

이 책을 읽고 나서 다시 동남아에 가볼 마음이 생겼다. 노을

이 찬란한 해변이나 호화 리조트가 아니라, 과거 네덜란드 동인도회사의 본거지였고 지금도 중요한 해군 기지이며 무역항인 자바 최고의 항구 수라바야를 방문하고 싶기 때문이다. "[인종적으로는] 자바인, 마두라인, 마이크로네시아인, 네덜란드인, 호키엔 한족, 광동인, 유대인, 예멘인, 일본인, 독일인과 [종교적으로는] 회교도, 기독교도, 힌두교도, 도교 신자, 불교 신자들"이 어우러져 산다는 그 곳, 수백 년 동안 향신료와 설탕, 직물을 얻기 위해 그야말로 참혹한 방식으로 주민들을 착취한 네덜란드인과 일본인을 몰아내고 조국을 해방시킨 수카르노가 태어나고, 그 아픔의 역사를 당시 수라바야에서 쓰인 여러 언어와 탁월한 기교로 그려낸 꾸위 띠암 찡이 살았던 곳. 아시아의 맨 끝에 자리한 그 바닷가, 끝없이 펼쳐진 마이크로네시아와 폴리네시아가 훤히 보이는 곳, 거기 서서 진정으로 혼종적이고 다문화적이며 호혜적인 그 곳만의 공기를 호흡하고 싶다. 티 없이 맑고 푸른 열대의 하늘과 바다가 말없이 지켜본 동남아 그 처절한 비극의 역사와 가슴 벅찬 해방의 여정, 그리고 그 날을 위해 꽃다운 청춘을 바친 젊은이들의 열정의 힘으로, 이 순간에도 위태로운 세계 평화의 불꽃이 다시금 힘차게 타오르기를 기원하면서.

2018년 12월 13일 베네딕트 앤더슨의 타계 3주기에 즈음하여
손영미

서문

이 책은 좀 특이한 상황에서 시작되었는데, 그 경위를 알면 영어권 독자들도 흥미를 느낄 것 같다. 2003년쯤 일본 NTT 출판사의 뛰어난 편집자 엔도 지호(遠藤千穗) 씨는 우연히 일본어로 번역된 내 책들, 그중에서도 특히 『상상의 공동체』을 읽은 후, 일본 학생들은 영국 학자들이 어떤 사회·정치·문화·시대적 맥락에서 태어나고, 공부하고, 성장했는지 거의 모른다는 사실을 깨달았다. '서구의' 정치가, 예술가, 군인, 사업가, 소설가를 다룬 전기나 자서전은 많이 나와 있었지만 학자들을 그린 책들은 별로 없었던 것이다. 그래서 내가 아일랜드와 영국에서 받은 교육, 미국의 학자로서 체험한 것들, 인도네시아, 샴, 필리핀에서 했던 현장 연구, 그리고 서구의 대학과 즐겨 읽는 책들을 다룬 짧은 책을 내고 싶다고 했다. 하지만 나는 일본어를 전혀 몰랐기 때문에 뭔가 방법이 필요했다. 일단 내게 쉬운 영어로 책을 써 달라고 한 다음, 영어를 정말 잘 알고, 나와 친하고, 번역을 해줄 용의가 있는 뛰어난 일본인 학자를 찾아야 했다.

가토 쓰요시(요시, 加藤剛)는 1967년 사회학과 인류학을 공부하려고 코넬 대학교에 유학을 왔는데 마침 그 해 나도 (제2차 세계 대전 중 일본의 자바 점령 및 이후 인도네시아의 독립혁명을 주제로) 박사학위를 받고 정치학과 교수로 부임한 참이었다. 요시가 인도네시아의 서수마트라에 대해 현장 연구를 하겠다고 신청했기에 나와 다른 두 교수가 지도를 맡았고, 우리는 금세 친한 친구가 되었는데 그렇게 된 데는 그의 유쾌하고 능청스러운 유머 감각도 한몫했다. 그는 학술적인 영어와 인도네시아어를 금방 배웠고, 아주 독창적인 박사 논문을 끝낸 뒤에는 일본으로 돌아가서 도쿄에 있는 예수회의 '국제' 대학에서 교편을 잡았다. 그리고 얼마 후에는 일본 내 동남아시아 연구의 요람인 교토 대학으로 옮겨가 훌륭한 교수가 되었다. 우리는 거기서 자주 만나며 전보다도 더 가까운 사이가 되었다.

요시는 엔도 씨의 기획이 괜찮다면서 나만 좋다면 방법이 있다고 했다. 자기가 볼 때 일본 학생들은 영어, 프랑스어, 중국어 같은 외국어 실력이 짧아서 외국 학자들에 대해 잘 모르고, 교수들의 가부장적인 태도 때문에 쓸데없이 소심하다고 했다.

두 사람의 제안을 듣고 처음에는 안될 일이라며 거절했다. 서양 학자들은 객관성, 엄격함, 격식—그리고 적어도 공식적으로는—겸양이 중요한 가치였기에 대부분 단조로운 삶을 영위했기 때문이다. 요시는 내가 아일랜드, 영국, 미국에서 공부했고, 인도네시아, 필리핀, 샴에서 현장 연구를 했으며, 미국에서 교편을 잡긴 했지만 대다수 미국 사회학자와는 상당히 다른 시각을 갖고 있다면서, 이런 내용을 쓰면 일본 학생들이 비교를 통해 많은 것을 배울 거라고 했다. 그러면서 엔도 씨와 자기가 만든 지침에 따라 초고를 써 주면 일본어로 번역하겠다고 했다.

그런 다음 우리 집에 한 달간 와 있으면서 잘 모르는 데도 물어보고, 잘못된 것도 고치고, 문단 구분도 바로잡고, 일본의 교육 제도에 대해 설명도 해주겠다는 것이었다.

그래서 결국 나도 좋다고 했다. 요시는 나와 아주 가까운 친구인 데다 늘 열심이고 엔도 씨의 계획을 실현시켜 줄 유일한 일본 학자였기 때문이다. 그러면서 마음속으로 적어도 내가 이 책을 읽을 일은 없을 거라는 사실을 위안으로 삼았다. 하지만 나는 이 책을 통해 일본 학생들과 직접 대화하는 셈이었다. 책은 2007년에 아주 멋진 모습으로 출판되었고, 엔도 씨와 요시도 아주 기뻐했다.

동생은 애초부터 이 책의 영어판을 내라고 권했지만 나는 매번 거절했다. 하지만 2015년에는 나도 몇 가지 이유로 마음이 바뀌었는데, 그중 하나는 그 이듬해에 여든 살이 된다는 것이었다. 2009년에 은퇴한 후 나는 번역, 위대한 중국계 인도네시아

기자 겸 역사가의 전기 작업은 물론, 훌륭한 태국 영화감독들, 『샴 '지옥도地獄圖' 사원의 퇴락』, 설화가 필리핀 민중 혁명에 미친 영향, 광고가 지닌 의미의 변천 등 현역에 있을 때와 사뭇 다른 작업들을 해 왔다. 이 일들은 영국, 미국, 유럽 등지에서 대학이 퇴보하고 있다는 사실을 제외하면 일본의 교육과 별 관계가 없었다. 세계 전역에서 벌어지고 있는 참담한 일들도 마찬가지였다.

'영어'와 관련해서 한 마디 덧붙이자면, 이 책에 잘못된 사실, 이상한 표현, 기억상의 오류, 허튼 소리나 실없는 농담이 있다면 그건 모두 내 탓이다.

두서없는 이 책의 두 주제는 첫째, 개인이나 사회의 삶에서 번역이 지닌 중요성, 둘째, 오만한 지역주의, 또는 진정한 민족주의는 국제주의와 연결되어 있다는 사실을 망각할 때 일어나는 문제들이다.

제1장

이주(移住)의 연속

나는 일본의 대병력이 중국 북부를 공격하기 직전이며, 유럽에서 제2차 세계대전이 일어나기 딱 3년 전인 1936년 8월 26일, 쿤밍(昆明)에서 태어났다. 그리고 내가 막 다섯 살이 될 무렵인 1941년 여름, 투병 중인 아버지는 우리를 데리고 미국을 거쳐 중립국인 아일랜드로 가려고 했다.

그런데 샌프란시스코에 도착해 보니 대서양에서 진행 중인 치열한 잠수함 전투 때문에 고국으로 돌아갈 수 없었다. 그래서 처음에는 캘리포니아, 그 후에는 나치 독일이 패망할 때까지 콜로라도에서 살았다. 그러다가 1945년 여름, 여전히 유럽으로 떠나는 미군을 가득 실은 배를 타고 아일랜드로 갔다. 당시 나는 아홉 살이 되기 직전이었다. 그 이듬해 아버지가 돌아가셨는데, 엄마는 영국 출신인데도 아일랜드에 남기로 결정했다.

나는 거대한 대영제국이 급속히 무너지고 냉전이 지속되는 동안 초·중·대학교를 다녔지만, 개인적으로 냉전의 영향을 받은 기억은 별로 없다. 그런데 아일랜드 아닌 다른 곳에 있었으면 18세(1954년) 때 징집되어 말라야나 케냐, 키프로스 같은 데 파견되어 전사하거나 중상을 입었을 수도 있다.

내가 어릴 때는 텔레비전이 없었다. 그래도 라디오는 많이 들었다. 라디오는 집안일이나 숙제, 카드놀이, 체스를 하면서도 들을 수 있었다. 우리는 매일 저녁 BBC에서 뛰어난 배우들이 읽어주는 명작소설을 들으며 안나 카레니나, 몽테크리스토 백작, 로드 짐, 유라이어 힙,[1] 더버빌 가의 테스의 모습을 상상하곤 했다.

유랑극단 역시 우리에게 아주 중요했는데, 당시 아일랜드에는 훌륭한 배우들이 많았다. 우리는 책에서 읽은 셰익스피어 극뿐 아니라, 버나드 쇼, 오스카 와일드, 리처드 셰리던(Richard Sheridan), 숀 오케이시(Sean O'Casey) 등 세계적으로 유명한 아일랜드 극작가들의 작품도 직접 볼 수 있었다. 미국의 대중문화는 시내 영화관에서 상연되는 서부영화나 디즈니 만화를 통해 가끔 접하는 정도였다.

상황이 전혀 다르게 흘러갈 수도 있었다. 아버지가 태평양전쟁이 발발한 후에 중국을 떠났으면 우리는 일본의 수용소에 갇혔을 것이고, 아마 거기서 죽었을 것이다. 아버지가 아일랜드

---

1 유라이어 힙(Uriah Heep): 찰스 디킨스의 소설 『데이비드 코퍼필드』에 나오는 인물로 아첨과 밀고에 능함.

인이 아니었으면 나는 영국에서 자랐을 것이고, 외국에서 대영 제국을 위해 싸웠을 것이다. 내가 좀 더 나중에 태어났으면 텔레비전에 중독되었을 것이고, 굳이 연극을 보러 가지도 않았을 것이다.

우리 부모님은 다정하고 재미있고 너그러운 성격을 지닌 멋진 분들이셨고, 나와 (지금은 페리라는 이름으로 아주 유명한) 내 동생 로리, 그리고 여동생 멜라니는 두 분을 깊이 사랑했다. 그렇게 훌륭한 부모님을 둔 우리는 정말 운이 좋다.

우리 아버지 셰이머스 (제임스) 오고먼 앤더슨 씨는 여러 혈통을 물려받은 분이셨다. 오고먼(O'Gorman)이라는 성에서 알 수 있듯이 할머니는 아일랜드계로, 영국의 제국주의와 식민지배에 저항한 독립 운동가를 여럿 배출한 집안 출신이셨다. 우리 고조할아버지와 그분 동생은 프랑스혁명의 영향으로 일어난 아일랜드인 연맹 반란(1798)에 가담했다가 옥살이를 하셨다. 두 분은 또 백년 넘게 이어진 아일랜드 가톨릭 신자들에 대한 법적, 정치적, 경제적 차별을 철폐하려는 1820년대 대니얼 오코넬의 가톨릭 연맹의 핵심 회원이기도 했다. 그들의 조카 중 한 분은 1848년 '아일랜드 감자 기근' 중에 벌어진 실패한 항거에 참여했다가 파리와 오토만 이스탄불로 도주했고, 거기서 다시 미국으로 건너가 뉴욕 주 대법원의 법관이 되셨다.

아버지의 외조부인 퍼슬 오고먼 소령은 1874년 워터포드라는 소도시의 하원의원으로 선출되셨고, 후에 찰스 파넬[2]이 이끈 아일랜드 자치 연합의 주요 멤버가 되셨다. (그 분은 체중이 300 파운드에 달했고, 영국 상원 역사상 가장 몸집이 큰 의원으로 꼽힌다.) 그런데 부인은 신교도인 영국 여성이었다. 교황 피우스 9세 치하에서는 있을 수 없는 일이었지만, 좀 더 온건했던 시절에는 아들은 아버지, 딸은 어머니의 종교를 따른다는 그 지역 관습 덕분에 종교가 다른 이들도 어렵지 않게 결혼할 수 있었다. 그래서 두 분의 아드님은 가톨릭이었지만 따님인 우리 할머니는 신교도였다.

할아버지의 가계는 전혀 달랐다. 그쪽은 '앵글로-아이리시', 즉 17세기에 아일랜드에 쳐들어와 원주민들의 땅을 침탈해 지배층이 된 뒤 수백 년이 지나자 스스로를 이 나라 사람으로 생각하게 된 스코틀랜드와 영국인의 후손으로 신교도들이었다. 우리 할아버지 쪽은 장교 출신이 많았는데, 이들은 나폴레옹 전쟁에 참전하고, 아프가니스탄과 버마에 파견되기도 하고, 대영제국이 커짐에 따라 홍콩이나 인도에서 복무하기도 했다.

내가 태어나기 훨씬 전에 돌아가신 앵글로-아이리시 할아버

---

2 찰스 파넬(Charles Stewart Parnell, 1846~91): 아일랜드의 정치가로 1882년부터 91년까지 아일랜드 의회당 당수. 탁월한 지성과 인품을 갖춘 파넬은 아일랜드 독립 운동의 정신적 지주였고, 제임스 조이스 등 여러 예술가의 작품에 등장함. '아일랜드의 왕관 없는 왕'이라는 이름으로 추앙받음.

지는 대영 제국 군대에서 복무하셨다. (당시 앵글로-아이리시 집안에서는 장남이 아버지의 재산을 물려받고, 그 아래 아들들은 대개 성직자나 군인이 되었다.) 그 분은 엔지니어를 양성하는 울위치(Woolwich) 소재 왕립 육군사관학교를 졸업하고 인도, 버마, 말라야에서 근무하셨다. 우리 아버지가 태어난 페낭에 근무하실 때, 할아버지는 지금도 작동 중인 정수지(淨水池)와 최신식 항구를 만드셨다. 지금도 페낭 하이츠에 올라가서 보면 그 분이 아내, 즉 퍼슬 오고먼의 따님이신 우리 할머니를 위해 설계하신 작은 아일랜드식 가옥의 일부가 남아 있다. 할아버지는 암호 해독학의 선구자 중 한 분이셨고, 제1차 세계대전 중에는 육군성 암호국을 성공적으로 이끄셨다. 내가 평생 크로스워드 퍼즐에 빠져 있는 것이 할아버지로부터 물려받은 유전자 때문일 수 있다는 생각이 들 때도 있다.

이런 집안 내력은 대부분 1960년대 중반에 어느 나라 국적을 신청할지 고민하다가 아일랜드 국적을 취득하는 과정에서 알게 되었다. 어릴 때는 어머니의 영국 여권으로 해외를 다니다가 나중에는 별 생각 없이 내 영국 여권을 사용했다. 사람은 젊을 때는 나만의 영혼이나 성격이 있다는 건 의식하지만, 자신의 정체성에 대해서는 별로 생각하지 않는다. 정체성은 주로 어떤 숫자나 시신의 법의학적 분석과 관련 있는 것처럼 느껴지기 때문이다.

내가 아일랜드 국적을 취득한 데는 개인뿐 아니라 정치적인 이유도 있었다. 당시 베트남에서는 전쟁이 계속되고 있었고, 인도네시아에서는 반공산주의 군대가 권력을 장악하고 100만 명에 이르는 공산주의자 및 동조자들을 학살한 참이었다. 그런 일을 보면서 나는 좌익 쪽으로 마음이 기울었다. 개인적인 이유도 있었다. 동생들은 이미 영국 국적을 유지하기로 결정했는데, 나는 태어났을 때 아일랜드 성인 오고먼이라는 이름을 지어 주신 아버지를 생각해서라도 아일랜드 국적을 따야 할 것 같았다.

부모나 조부모 중 한 분이 아일랜드에서 출생했다는 걸 증명하면 아일랜드 국적은 쉽게 취득할 수 있었다. (우리 아버지는 당시 할아버지가 근무하신 페낭, 어머니는 런던에서 태어나셨다.) 그런데 안타깝게도 아일랜드 민족주의자들이 영국에 반항해 일어난 1916년 부활절 봉기 당시 반도(叛徒)들이 출생신고서가 있는 건물을 불태워 버렸다. 하지만 어머니 친구 중에 취미로 워터포드 군의 가계를 연구하는 분이 계셔서 그 분으로부터 위와 같은 내용을 듣게 되었다. 나는 지역 국회의원에게 그 분이 해주신 이야기를 전했고, 그의 도움으로 1967년에 처음으로 아일랜드 여권을 발급받았다.

우리 아버지는 머리가 좋고 한 군데 붙어 있지 못하는 청년이었다. 스물한 살이던 1912년, 아버지는 케임브리지를 졸업하기도 전에 중국해관(Chinese Maritime Customs Service; CMCS)이라는 특이한 기관에 지원했다. 원래 이곳은 제2차 아편전쟁 중인 1860년에 북경을 '성공적으로' 공격한 영국과 프랑스의 제국주의자들이 청나라에 부과한 엄청난 액수의 배상금을 확실히 받아내기 위해 세운 것인데, 실제로는 중국과 외국 간의 해상 무역에서 발생하는 관세를 관리하고 있었다. 시간이 흐르면서 러시아, 독일, 심지어는 일본까지도 여기 가담했고, 점차 입장이 바뀌어 1911년 청나라가 무너지고 군벌들이 각축을 벌이게 되자 중국에 정말 도움이 되는 일을 하고자 애쓰고 있었다.

아버지는 언어에 특출한 재능을 발휘했고, 중국해관이 만든 엄격한 중국어 교육 과정에서 늘 수석을 차지했으며, 중국 정부는 몰라도 중국과 중국인에 대해 깊은 애정을 갖고 있었다. 아버지는 또 여러 시대의 중국 문학을 섭렵했다. 점잖은 우리 어머니는 아버지가 돌아가신 후 서재에서 강제 매춘 및 수많은 중국 여성이 겪고 있는 비참한 삶에 반기를 든 중국의 1세대 성 연구자들이 쓴 삽화가 든 문고를 보고 충격을 받으셨다.

제1차 세계대전이 끝난 1920년 아버지는 철저한 페미니스트이자 재능 있는 모더니즘 소설가, 단편작가, 여행 작가인 스텔라 벤슨이라는 매력적인 여성을 만났다. 그 분은 선교사들이 세운 학교와 병원에서 근무했다. 두 분은 휴가 중에 런던에서 결혼했고, 신혼여행 삼아 자동차로 미국을 횡단했는데 아버지는 미국 역사에 완전히 매료되었다. 두 분은 미국에서 배편으로 중국에 돌아왔고, 스텔라는 중국에 푹 빠졌다.

그녀는 1933년 41세의 젊은 나이에 세상을 떠났고, 아버지는 엄청난 충격에 휩싸였다. 하지만 1935년 런던에서 우리 어머니를 만나 결혼했고, 같이 중국으로 돌아왔다. 아버지는 대도시의 사무실에서 근무하는 걸 싫어하셨기 때문에 혼자서 열심히 일할 수 있는 벽지에서 대부분의 세월을 보냈다. 샤먼(廈門)에서는 작은 쾌속정 선단을 이끌고 교활한 남중국 밀수업자들을 단속했고, 윈난성(雲南省)에서는 아편의 생산과 판매를 컨트롤하는 그 지역 군벌과 맞서야 했다. 어머니는 우리에게 선홍색의 양귀비꽃으로 뒤덮인 쿤밍 근처의 산과 언덕에 대해 얘기해 주곤 했다. 아버지가 그렇게 독립적이고 모험적이었던 건 아일랜드 사람이었기 때문일 것이다. 나는 아버지가 이미 병색이 짙고 걸핏하면 병원에 입원했던 때밖에 기억이 안 난다. 그런데도 아버지는 늘 따뜻하고 다정하고 정말 재미있는 분이셨다.

영국 출신인 어머니(베로니카 비컴)도 특별한 분이었다. 어머니는 전문 기술을 가진 중상류층 집안 출신으로, 그 분의 할아버지 존 비컴 씨는 랭커스터의 상인 집안 출신이지만 상법 및 해양법에 조예가 깊은 법학자로 큰 성공을 거두었다. 타이타닉호 침몰에 대한 조사를 진두지휘하면서 한동안 유명세를 치르기도 했다. 대략 그때쯤에 그 동안 쌓은 공적 덕분에 준남작에

제수되어 머시 공(Lord Mersey)으로 불리게 되었다.

외할아버지 트레버 비검 씨는 학구적인 '차남'으로서 영국에서 제일 유명한 공립학교인 (그러나 실은 남학생만 받는 사립학교인) 이튼의 장학생이었으며, 졸업 후 변호사로 일하다가 런던경찰청에 들어가 제2인자가 되어 기사 작위까지 받았지만 경찰직이 싫어서 일찍 은퇴하고 말았다. 내 기억에 외할아버지는 완고하고 격식을 중시하는 분이었지만 많은 책을 읽어야 풀 수 있는 어려운 크로스워드 퍼즐을 가르쳐 주시곤 했다. 외할머니는 피아노를 잘 치고 분방한 성격의 프랜시스 톰린이라는 분이었는데, 두 분의 결혼 생활은 별로 행복하지 않았고, 할머니는 1927년 아직 젊은 나이에 암으로 돌아가셨다.

우리 어머니가 극심한 거식증에 걸린 것도 외할머니의 죽음 때문일 수 있다. 어머니는 당시 이해하는 사람이 거의 없던 거식증 때문에 학교를 그만두고 집에서 공부했다. 그때는 여학생이 옥스퍼드나 케임브리지에 들어가는 경우는 아주 드물었고, 어머니는 나중에 1905년에 태어난 게 정말 한이라는 말씀을 자주 하셨다. 15년만 늦게 태어났으면 틀림없이 옥스퍼드나 케임브리지를 졸업하고 전문직 여성이 되었을 거라는 말이었다. 하지만 어머니는 다양한 분야의 책을 탐독했고, 독일어와 프랑스어를 유창하게 구사하셨다.

우리 부모님은 엄격한 의미에서 지식인은 아니었지만, 그 동네에서 제일 많은 책을 갖고 계셨다. 두 분은 또 우리 형제들이 다른 언어권이나 계층, 지역, 시대 사람들의 삶이나 경험, 사고 방식을 다룬 책들을 읽도록 지도하셨다. 열대여섯 살 때 아버지 서재에서 아서 웨일리가 번역한 『겐지 이야기源氏物語』[3]나, 세이 쇼나곤의 『마쿠라노소시枕草子』[4]를 읽고 푹 빠졌던 기억이 난다.

우리 가족은 그 당시 아일랜드에서는 보기 드문 방식으로 살고 있었다. 가장 흔한 채소인 감자가 아니라 쌀을 먹고, 가톨릭 신자인 동네 사람들이 금요일에만 예수의 수난을 생각하며 생선을 먹는데 우리는 고기 못지않게 생선을 자주 먹었다. 집안에는 중국의 두루마리 책, 그림, 옷, 의상이 아주 많았고, 우리 형제들은 가끔 그 옷들을 차려입기도 했다. 어느 날 어머니가 아름답게 수놓인 조막만한 전족 신발을 보여 주면서, 어릴 때부터 발을 으스러지도록 꽉 동여맨 여자들이 신은 거라고 해서 충격에 휩싸였던 적이 있다. 부모님은 사진 찍는 걸 아주 좋아하셨기 때문에 중국이나 (휴가 때 놀러가곤 했던) 프랑스 식민지 베트남에서 찍은 사진이 정말 많았다. 하루는 어머니가 어떤 사진

---

3 11세기의 일본 궁녀 무라사키 시키부(紫式部, 973/978~1014/1031)의 소설. 겐
   조(Suematsu Kenchō, 1882), 웨일리(Arthur Waley, 1933), 사이덴스티커(Edward G.
   Seidensticker, 1976), 맥컬러프(Helen McCullough, 1994), 타일러(Royall Tyler, 2001),
   와쉬번(Dennis Washburn, 2015) 등 5종의 영역본이 있는데, 그중 웨일리의 번
   역이 가장 대중적임.
4 일본 헤이안 시대의 궁녀 세이쇼나곤(清少納言, 966~1017/1025)의 수필집.

에서 두 살쯤 된 아주 예쁜 중국 아이를 가리키면서 "이 애가 네 첫 번째 단짝인 실리아 천이야." 하셨다.

부모님은 내가 태어나자 가정부를 물색했다. 어린 아들을 둔 젊은 베트남 여성이었는데, 중매로 만났던 남편과 헤어지고 일 자리를 구하려고 쿤밍으로 온 사람이었다. 그녀는 엄마와 아주 친해져서 우리가 아일랜드로 휴가 갈 때도 같이 갔다. 동네 사람들은 오랜 세월이 흐른 뒤에도 그녀를 또렷이 기억했다. 프랑스어를 쓰는 가톨릭교도인 그녀는 늘 우아한 베트남 전통의상에 검은 터번을 쓰고 다녔고, 이는 새까맣게 코팅되어 있었으며, 얼굴에는 미소가 가득했다. 그녀는 주일마다 이런 차림으로 교회에 갔다. 어머니 말로는 내가 처음 배운 언어는 영어가 아니라 베트남어라고 한다. 아이들은 언어를 참 쉽게 배우지만 안타깝게도 그만큼 쉽게 잊어버린다.

1941년 아버지가 가족을 데리고 귀국하려 할 때 세상 구경 좋아하는 이 띠하이라는 (아들만 중시하는 부모들이 지은 '차녀'라는 이름의) 가정부도 따라간다고 했다. 그런데 우리가 갈 캘리포니아는 반(反)아시아 정책들을 총동원하고 있었던 참이라 상해 미국 영사관이 비자 발급을 거부했고, 그 바람에 그녀는 베트남으로 돌아갈 수밖에 없었다. 전쟁이 끝난 후 어머니는 외교관들을 통해 그녀를 찾으려고 애썼지만 모든 노력이 수포로 돌아갔다.

내가 처음 학교에 간 것은 1942년쯤인 것 같다. 당시 아버지는 샌프란시스코에서 투병 중이셨고, 어머니는 1943년에 여동생을 낳으셨다. 남편과 아기를 돌보느라 너무 힘들었던 어머니는 기운이 넘쳐서 늘 티격태격하는 두 아들을 오늘날 실리콘 밸리의 변방 로스 가토스(Los Gatos) 외곽에 있는 컨트리 스쿨이라는 기숙학교에 보냈다. 북유럽 출신의 엄격한 두 여성이 운영하던 이 학교는 지금도 그 자리에 있지만 도시가 많이 커져서 지금은 거의 시내 한복판에 자리 잡고 있다. 미국은 우리에게 아주 낯선 곳이었고, 부모님도 너무 보고 싶고, 체벌도 자주 있었다. 나는 야뇨증이 있어서 교칙에 따라 거의 매일 아침 수업을 빼먹고 이불을 빨았는데, 이것 때문에 애들이 늘 심하게 놀리고 괴롭혔다. 그 학교에서는 배운 게 하나도 없다.

부모님이 다시 워터포드로 돌아가 시내 변방에 집을 사시자 동생과 나는 퀘이커계 초등학교에 들어갔다. 당시 그 동네에는 자가용이 드물었기 때문에 우리는 정말 친절한 정원사 할아버지가 모는 당나귀 마차를 타고 등교하곤 했다. 어느 날 생전 처음으로 교통사고를 당했는데, 교문을 뛰어나와 그 앞을 지나가던 당나귀 마차에 부딪혔던 것이다. 그게 자동차였으면 죽었을 텐데, 마차였기 때문에 견갑골만 부러졌다.

자전거로 등교하게 되면서, 우리는 계급투쟁과 종교적 갈등을 체험했다. 학교를 가다 보면 가난한 가톨릭 동네를 지나가야 하는데, 그 동네 애들은 우리가 콧대 높은 영국 혼혈에 신교도인 줄 알고 늘 적대적이었다. 등교할 때는 내리막길이라 하키 스틱을 메고 휙 지나가면 그만인데, 집에 올 때는 '당하기' 일쑤였다. 그때는 우리가 왜 미움 받는지 몰랐는데, 지나고 보니 종교나 계급, 인종적 편견에 대해 유용한 교훈을 얻은 것 같다. 그 퀘이커 학교에 대해서는 생각나는 게 별로 없지만, 얼굴이 붉은 수학 선생님이 너무 무서워서 여러 번 학교를 빼먹고 어머니한테 거짓말로 둘러댔던 일이 기억난다. 그때 억세고 운동 잘하는 피오나라는 여자아이가 이끄는 패거리와 몰려다닌 것도 기억난다.

그즈음에 어머니가 내리신 또 다른 결정이 내게 제일 큰 행운으로 작용했다. 당시 아일랜드 법에 의하면 아이들은 아일랜드어(민족주의)와 라틴어(가톨릭교) 중 하나를 반드시 배워야 했다. 그런데 어머니 생각에 아일랜드의 서쪽 지방 사람들만 쓰는 거의 사멸한 언어를 배우는 건 말도 안 되는 일이었다. 그렇다면 당연히 라틴어를 택해야 했다. 그래서 개인교습을 받게 됐는데, 웹스터 부인이라고, 정말 상냥한 중년 여성으로, 내 평생 최고의 선생님이셨다. 믿기 어렵겠지만 그 분 덕에 나는 라틴어를 사랑하게 되었고, 처음부터 나는 언어에 재능이 있다는 생각을 하게 되었다.

나중에 어머니께 "왜 라틴어를 배우게 하셨어요? 아일랜드어보다 더 죽은 언어였는데?" 하고 여쭈었더니, 라틴어를 모르시는데도 정확한 대답을 해주셨다. "라틴어는 프랑스어, 스페인어, 포르투갈어, 이탈리아어 등 여러 서유럽어의 어머니 격이라 이걸 알면 그 언어들을 쉽게 배울 수 있거든. 게다가 유식한 사람이면 당연히 알아야 되는 위대한 문학작품들이 라틴어로 되어 있잖아."

그런데 알고 보니 어머니가 라틴어를 택하신 데는 또 다른 이유가 있었다. 당시 아일랜드 학교들이 별로 안 좋다고 생각했기 때문에 우리가 좋은 '공립학교'와 대학에 들어가는 데 도움이 될 영국의 괜찮은 기숙학교에 넣을 생각이셨던 것이다. 그런 학교에서는 라틴어(와 그리스어)가 교육 과정의 핵심이었다. 그래서 내가 먼저 영국으로 건너가고, 동생도 일 년 후에 뒤따라왔다. 영국으로 가는 것 자체가 대단한 경험이었다. 증기선을 타고 거칠기로 유명한 아일랜드 해협을 일곱 시간 동안 항해해야 했던 것이다. 사방에서 사람들이 멀미를 하고 있었다. 그런 다음 새벽 두 시쯤 웨일스의 피시가드라는 항구에 도착해서 뜨거운 코코아나 마마이트로 추위를 달래고, 다시 네 시에 기차를 타서 열 시쯤 런던에서 내리는 일정이었다. 도착해서는 런던의 할아버지 댁에서 하루 이틀 묵은 다음 기차를 타고 런던 남동쪽에 있는 스케이트클리프(Scaitcliffe)라는 작은 학교로 갔다.

내가 이 학교를 다닌 건 딱 2년이었지만, 최고의 '공립학교'에 들어가도록 어린 아이들을 밀어붙이는 것으로 이름난 학교라서 만만치 않은 나날이었다. 어머니 역시 당신은 연금 받아 사는 가난한 과부라서 우리가 장학금을 못 받으면 명문고에 보내 줄 수 없다고 하셨다. 나는 영국 전역에서 열세 명을 뽑는 이튼의 장학생 선발 시험에 12등으로 합격함으로써 모두를 놀라게 했다 (외할아버지도 19세기 말에 이 장학금을 타셨다). 나보다 더 의욕적이고 경쟁심도 강한 동생은 나중에 훨씬 더 좋은 성적으로 합격했다.

이튼은 특이한 곳이었다. 학생들은 대부분 영국의 귀족 가문이나 대기업, 금융가 집안의 자녀들이었고, 과거 식민지나 현재의 보호령에서 온 어두운 피부의 '왕자들'도 더러 눈에 띄었다. 장학생들은 주로 중산층 출신으로 별도의 건물에서 생활했고, 우리끼리 모여 밥을 먹었으며, 다른 아이들과 다른 '중세풍' 교복을 입어야 했다. 다른 학생들은 더 멋진 건물에서 생활했고, 우리는 그들을 수업 시간에만 만날 수 있었다. 그들은 부와 권력이 보장된 집안 출신이니 열심히 공부할 필요가 없었고, 사회적으로 훨씬 아래 계층인 장학생들을 '책벌레'라며 대놓고 무시했다. 머리 좋은 장학생들은 그들의 '아둔함'과 오만불손함을 비웃음으로써 거기 맞섰다. 이들도 나름의 (지적) 오만함을 지니고 있었고, 자기들끼리 긴밀한 관계를 유지했다. 머리 좋은 애들이 그렇게 많이 모여 있는 반은 처음이었다.

이 학교는 다른 면에서도 특이했다. 겨울에도 꼭두새벽에 일어나 찬물로 샤워를 하고 1교시를 마치고 나서야 정말 맛없는 영국식 조찬을 먹을 수 있었다. 엄격한 체육 시간 말고는 아침부터 하루 종일 수업이 이어졌고, 저녁에는 숙제 때문에 눈코 뜰 새가 없었다. 더 지내고 보니 학교가 우리를 이렇게 몰아붙이는 것은 '쉴 시간이 많으면 나쁜 짓을 하게 된다'는 옛말을 굳게 믿기 때문이라는 생각이 들었다. 교사들은 호르몬이 넘치는 남학생들만 있는 학교에서 그들을 계속 감시하고 체력을 소진시키지 않으면 다른 사랑이나 성관계에 빠져들 수 있음을 알고 있었던 것이다.

장학생 반의 교육 과정은 특히 어려웠다. 이 학생들은 옥스퍼드나 케임브리지 역시 장학금을 받아야 다닐 수 있다는 걸 알고 있었다. 그렇지만 교육 과정은 아주 구식이었다. 그 핵심에는 라틴어, 그리스어, 프랑스어, 독일어, 그리고 나중에는 냉전기의 러시아어 같은 언어가 있었고, 그 밖에 고대사, 미술사, 약간의 고고학, 그리고 영국을 중심으로 하는 상당수의 비교 현대사 과목이 있었다. 인류학, 사회학, 정치학은 전혀 없었고, 수학 과목이 상당히 많았으며, 화학, 생물학, 물리학도 조금씩 들어 있었다. 물론 성교육은 전혀 없었다.

기억나는 선생님은 두 분뿐이다. 젊은 레프 페인(Raef Payne) 선생님은 영문학을 가르치셨는데, (당시 나이가 꽤 많고 노벨상 수

상자였던) T. S. 엘리엇의 시를 소개해 주셨다. 에드워드조[5] 이
후의 문학에 대해 배운 것은 그게 전부였다. 보통 영문학 수업
은 19세기 후반까지만 다루고, 시 수업에서는 각운이 있는 단시
같은 특정된 작품들만 배웠기 때문이다. 그래서 당시 표준적인
기준에서 벗어난 엘리엇의 시를 수업 시간에 가르치다는 것은
아주 특이한 일이었다. 페인 선생님은 또 해마다 연극을 올리셨
는데, 소년들이 여자 역할을 할 때 발생하는 고성이나 비명 소
리 같은 문제를 쉽게 해결하셨다. "걱정 마. 셰익스피어 시대에
는 너희 같은 소년들이 여자 역할을 했거든."

또 다른 분은 엄격한 교장 선생님 로버트 벌리 경이었는데,
이 분의 예기치 않게 멋진 강의 덕분에 시를 훨씬 더 좋아하게
되었다. 여러 편의 시를 비교하면서 그 길이나 각운을 분석하는
게 아니라, 예컨대 키플링의 시 한 편을 골라서 그 구성을 분해
하고 역사적 배경을 설명하는 식이었다. 선생님은 또 아름다움
과 도덕은 별개 문제라는 것, 뛰어난 시를 쓴 시인이 꼭 훌륭한
사람은 아닐 수 있다는 것을 가르쳐 주셨다.

이튼에서 동생과 나는 서로 다른 방향으로 나아갔다. 동생은
주로 유럽이지만 그 이외의 지역까지를 포함하는 현대사에 관
심이 있었고, 나는 언어와 문학을 주로 공부했다. 보수적이지만

---

5 에드워드조(Edwardian period): 영국 에드워드 7세의 재위 기간인 1901~10년.

체계적인 방식으로 중세 후기부터 19세기 말까지의 프랑스 문학을 공부하면서 신세계를 접하는 느낌이었다. 유럽어 중에 프랑스어와 영어는 서로 번역하기 어렵기로 유명하다. 나는 그 어려움을 금세 알아차렸고, 영어와 완전히 다른 세계에 들어가는 것이 얼마나 매혹적인지 절실히 느꼈던 것이다.

엄청난 분량의 고대 문학을 읽은 것은 또 다른 경험이었다. 두 위대한 비기독교 전통에 푹 빠지는 느낌이랄까. 장학생들은 학교의 우등생으로 간주되었기 때문에 선생님들이 민망해서 빼놓고 가르치는 성적인 장면을 비롯해 거의 모든 자료를 읽을 수 있었다. 그 분들이 중시하는 고대 문화와 우리가 배우는 현대 문화는 서로 많이 달랐다. 학교에서는 몸을 내보이는 걸 부끄러워하거나 옷으로 감추라고 배웠지만, 고대 그리스의 조각들은 실오라기 하나 걸치지 않은 아주 아름다운 신체들을 당당히 표현하고 있었다. 1950년대 영국에서 동성애는 여전히 범죄 행위였고, 발각되면 몇 년씩 투옥될 수도 있었지만, 고대 신화는 소년이나 청년과 사랑에 빠지는 신들의 이야기로 넘쳐났다. 고대사에는 젊은 두 연인이 용감하게 전쟁에 나가거나 서로의 품에 안겨 죽은 이야기들이 등장했고, 아름다운 사랑의 여신과 활과 화살로 무장하고 그녀를 돕는 장난꾸러기 소년신도 있었다. 그런 이야기에 비해 기독교는 재미없고 편협해 보였다.

이튼이 특별한 또 다른 이유는 바로 학생들에게 글 쓰는 법을 제대로 가르쳤다는 것이다. 우리는 라틴어로 시를 썼고, 영시를 라틴어로 번역하기도 했다. 16세기부터 19세기에 이르는 위대한 영문학 작가들의 산문을 꼼꼼히 배웠고, 여러 나라 언어로 많은 시를 외우거나 사람들 앞에서 낭송했다. 지금도 나는 라틴어, 그리스어, 프랑스어, 독일어, 러시아어, 그리고 심지어 자바어로 된 시들을 기억하고 있다.

그때는 몰랐지만 나는 이런 경험을 한 마지막 세대였다. 1950년대 말쯤 되면 시를 외우는 이들이 드물어졌기 때문이다. 인문학의 토대로 간주되던 넓은 의미의 고전 교육 역시 취업이나 현대 생활 일반에 더 유용해 보이는 과목들로 대체되었다. 그뿐 아니라, 투박한 영국-미국어가 유일한 '세계어'로 부상함으로써 온 세계가 큰 손실을 입게 되었다.

이튼에서 있었던 일 중 지금도 자부심을 느끼는 것이 하나 있다. 당시 교사들은 학생들을 '단련시킨다'는 생각에 규칙적으로 체벌을 가하곤 했다. 그런데 더 심각한 것은, 상급반 학생들이 더 작거나 어린 아이들을 때려도 내버려 두었다는 것이다. 가까운 친구들의 도움을 얻어 나는 동기들에게 이 전통을 없애자고 설득했다. 새 학년이 되자 우리는 아래 학년 학생들에게 이제 아무도 맞는 일이 없을 거라고 얘기했고, 한동안 큰 인기를 누렸다.

이튼은 엄격하기는 했지만 쉬는 날도 많았다. 이튼 장학생으로 선발되자 상냥한 이모가 일주일간 파리 여행을 시켜 주셨다. 호텔 옆에 있는 가판대에서 만화책을 샀는데, 타잔이 제인에게 매력적인 정글 옷을 만들어 주는 장면이 나와서 깜짝 놀랐다. 제인이 늘 자기 옷을 직접 만들어 입는다고 생각했기 때문에, 타잔이 그런 일을 할 거라고는 상상해 본 적도 없었다. 이모한테 이 이야기를 하자 깔깔 웃으시기에 몇 마디 툴툴거렸다. 이모는 "프랑스 디자이너들이 세계 최고라고 하는데, 전부 다 남자란다!" 하셨다. 그 후 학교 친구들과 네덜란드로 자전거 여행을 가기도 하고, 여름방학 때는 어머니 친구분들과 놀러가기도 했는데, 그중 한 분은 오스트리아에 살고, 다른 분은 스위스와 이탈리아 국경 쪽에 빌라를 소유하고 있었다. 덕분에 나는 청소년기에 아일랜드와 영국 말고도 여러 나라에서 즐거운 시간을 보냈다.

이튼 학생들이 잠깐씩 해외여행을 했던 것처럼, 해외의 유명 인사들이 이튼을 찾아오기도 했다. 1953년 6월, 엘리자베스 2세의 화려한 즉위식에 여러 나라의 군주와 대리자들이 초대되었다. 태평양전쟁을 일으킨 일왕 히로히토(裕仁)는 여론의 반대로 참석할 수 없었지만, 그의 젊은 아들 아키히토[6]는 올 수 있었다. 학교에서는 우리 장학생들에게 아키히토가 학교를 방문할 테니

---

6 아키히토(明仁, 1933~): 일본의 제125대 왕으로, 1989년에 즉위했음.

점잖고 정중하게 대하라고 지시했다. 전쟁이 끝난 지 얼마 안 된 시점이어서 우리는 적대적인 태도를 취할 셈이었는데 실제로 보니 체구도 작고 우리보다 겨우 몇 살 위인 청년이라서 깜짝 놀랐다. 어두운 색의 단순한 옷을 입은 왕자는 마치 체포된 사람처럼 몸집이 큰 두 스코틀랜드 군인들 사이에서 걷고 있었는데, 거의 말이 없고, 소심하고, 불안하고, 아주 순해 보였다. 그 순간 우리는 어떤 면에서 왕자도 우리와 똑같다는 생각이 들었다.

이튿 3학년 때 나는 케임브리지 장학생으로 선발되었다. 당시 케임브리지는 들어가기는 어려웠지만 일단 합격하면 열심히 공부하지 않아도 괜찮았고, (주로 남학생인) 대부분의 학생은 음주, 도박, 운동, 영화 관람, 연애를 하며 시간을 보냈다. 그때는 마약 하는 학생은 없었던 것 같다. 나중에 보니 미국은 그 반대였다. 고등학교는 쉬운데 대학에서는 열심히 공부해야 성공할 수 있었던 것이다.

1950년대의 케임브리지는 아직 상당히 보수적이었다. 사회학이 학문으로 도입된 지 얼마 안 됐고, 여전히 많은 논란을 불러일으키고 있었다. 정치학은 없었고, 인류학은 아직 시작 단계였다. 내가 받은 장학금은 고전문학 분야였는데, 입학한 지 얼마 안 됐을 때 이미 미래를 위해 더 유용한 분야로 바꿔야 한다는 생각이 들었다. 당시 케임브리지에는 세계적으로 유명한 경제학자들이 많이 있었기 때문에 나는 경제학을 공부하기로 결심했다. (내가 입학하기 전에 세상을 떠났지만 케인스가 공부하고 가르친 대학이 케임브리지였다.) 그런데 실제로 공부해 보니 경제학에 재능도 없고, 금방 싫증이 난데다, 1학년 기말시험 성적도 좋지 않아서 결국 고전문학으로 돌아갔다. 게다가 선배들 말로는 고전문학은 졸업시험이 그 어려웠던 입학시험보다 쉽다고 했다.

그래서 대학 생활의 나머지 2년은 뭐든 내키는 대로 읽으면서 대부분의 시간을 보냈다. 주로 문학과 역사였는데, 그때 읽은 책들을 기록한 노트를 아직도 가지고 있다. 지금 보면 유치한 책들도 있지만, 그렇게 많은 책을 읽었다는 것 자체가 놀랍다. 사회적으로 미숙해서 그랬을 수도 있다. 나는 숫기 없는 애송이였고, 술도 별로 안 마시고, 춤추는 것도 싫어하고 (로큰롤이 나오기 전이었다), 여자들과 얘기하는 법도 몰랐다.

하지만 전혀 다른 두 가지 이유로 케임브리지는 내게 중요했다. 작은 소도시에 위치해 있었지만 케임브리지에는 예술영화 상영관이 있었고, 이건 내게는 정말 꿈같은 일이었다. 이튼에서는 혼자 영화관에 가는 것이 금지되어 있었고, 아일랜드에서는 서부영화나 조폭 영화 밖에 볼 수 없었는데, 대학에 와서 처음으로 세계 여러 나라의 최고급 영화들을 보게 된 것이다. 구로사와, 미조구치, 오즈[7] 등 당시 세계적인 명성을 누리고 있던 일본 감독들은 물론 다른 감독들의 영화를 보며 깊은 감동을 받았다. 내가 평생 일본 문화를 좋아하게 된 것은 이 영화들 덕분이다. 1920년대와 1930년대 러시아 영화 역시 좋았는데, 이튿에 들어가서야 (내가 좋아하는) 투르게네프, 고골, 도스토옙스키, 곤차로프, 레스코프를 원어로 읽을 욕심에 러시아어를 배우기 시작했기 때문에 일본 영화만큼 인상적이지는 않았다. 그 전에 읽은 러시아 소설과 소비에트 영화를 비교해 보는 것도 색다른 경험이었다. 프랑스, 이탈리아, 독일, 스웨덴(잉마르 베리만) 영화도 많이 볼 수 있었다. 케임브리지 예술영화관의 장점 중 하나는 흑백영화를 많이 상영했다는 것이다. 영화에 대한 내 미학의 토대를 이룬 것이 흑백영화였다. 지금도 나는 총천연색 영화보다 흑백영화가 훨씬 더 현실적이고 생생하게 느껴진다.

이 영화관에 자주 드나들다 보니 정치적 의식도 싹트기 시작했다. 그때는 영화가 끝날 때마다 관객들이 자리에서 일어나 말 위에 앉은 젊은 엘리자베스 여왕의 이미지와 함께 연주되는 애

---

7 구로사와 아키라(黑澤明, 1910~98): 〈라쇼몽〉, 〈7인의 사무라이〉 등으로 국제적인 명성을 얻음.

미조구치 겐지(溝口健二, 1898~1956): 〈오하루의 일생〉, 〈산쇼 다유〉 등으로 유명.

오즈 야스지로(小津安二郎, 1903~63): 〈만춘晩春〉, 〈도쿄 이야기〉 등의 영화가 있음.

국가를 들어야 했다. 이건 정말 힘든 일이었다. 〈도쿄 이야기〉를 보고 눈물이 글썽해져 있거나 〈전함 포템킨〉을 보며 피가 끓어오르는 상태에서 이렇게 왕권제의 말도 안 되는 권위적 요구에 응한다는 것은 그야말로 고문이었다. 그래서 애국가가 나오기 시작하는 순간 분개한 사람들이 나를 붙잡거나 때리기 전에 재빨리 출구로 달아나는 방법을 생각해 냈다. 내가 소박하지만 열성적인 공화주의자가 된 것은 이 때부터였다.

케임브리지 시절 내게 깊은 영향을 준 두 번째 사건은 1957년 수에즈 운하 위기 때 일어났다. 당시 영국, 프랑스, 이스라엘 군은 프랑스가 건설한 거대한 운하를 따라 벌어지는 국제 운송 관리 주체를 국유화하려는 나세르 장군의 시도를 저지하기 위해 이집트를 침공했다. 나는 이 위기에 아무런 관심도 없었다. 그런데 어느 날 운동장에서 내 방으로 걸어오다 보니 저쪽에서 갈색 피부의 학생들이 화난 어조로 구호를 외치고 있었다. 호기심에 멈춰 서서 듣고 있는데 갑자기 어디선가 주로 운동선수로 보이는 거구의 영국 학생들이 나타나더니 그들을 구타하기 시작했다. 그들은 '여왕 폐하 만세!'(영국의 국가)를 부르고 있었는데, 내가 볼 때 이건 이해할 수도, 용서할 수도 없는 행동이었다.

데모하는 축은 주로 인도와 실론 학생들이었는데, 키도 작고 체구도 작아서 상대가 안 됐다. 그래서 나도 모르게 그들을 도우러 나섰는데, 누군가가 내 안경을 빼앗아 진흙탕에 던져 버렸다. 평생 그렇게 화난 적이 없었다. 그 날 나는 난생 처음으로 영국의 인종 차별과 제국주의를 목격했던 것이다. 오랜 세월이 흐른 뒤 『상상의 공동체』에서 민족주의에 대해 서술하면서 나는 아직도 머릿속에 남아 있는 그 날의 분노를 영국 독자들에게 조소와 아이러니, 빈정거림의 형태로 표현했다. 이 사건은 분명히 내가 나중에 마르크시즘과 동양의 반식민 민족주의에 끌린 이유 중 하나일 것이다.

여행 역시 대학 생활의 일부였다. 나는 친구들과 함께 프랑코 치하의 스페인에 놀러갔다가 외설죄로 체포되는 특이한 경험을 했다. 우리가 스페인 북쪽 해안에서 영국 소년들이 입는 사각바지를 입고 수영을 하다가 해변으로 돌아오자 경찰 두 명이 달려와 가슴과 등을 노출한 혐의로 우리를 체포했다. 우리는 순수한 여행객일 뿐이라고 호소해 풀려나기는 했지만, 그 전에 경찰을 따라 옷집까지 가서 목에서 발까지 전신을 가리는 끔찍한 원피스 수영복을 사야 했다. 처음 체험한 금욕적인 독재의 맛이었다!

소련이 헝가리를 침공한 비극적인 사건 직후에 또 다른 이상한 일이 벌어졌다. 영국 공산당이 수백 명의 젊은 공산당원을 데리고 유명한 모스크바 국제청년축전에 참가하려고 기차를 전세 냈다. 하지만 헝가리 침공에 분개한 청년들이 탈당을 하고 이 행사에 불참하기로 결정하는 바람에, 이미 큰돈을 들여 기차를 빌린 공산당 측은 당원이든 아니든 원하는 사람은 누구든 받아 주기로 했다. (당시 옥스퍼드에 다니던) 내 동생과 나는 공산권의 수도로 유명한 모스크바를 볼 수 있는 이 특별한 기회를 얼씨구나 하고 움켜잡았다. 참가자들은 오페라, 발레, 박물관, 유명 유적지를 무료로 볼 수 있었고, 영국 공산당 지도자들은 외부인들이 수많은 정치 모임에 오든 말든 별로 상관하지 않았다. 결국 나는 일주일 동안 무소륵스키, 글린카, 림스키코르사코프의 음악을 마음껏 즐기고, 그 동안 배운 기초 러시아어도 연습할 수 있었다.

드디어 케임브리지를 떠날 때가 되었다. 전에 선배들 말이 고전문학 졸업 시험이 3년 전에 본 입학시험보다 쉽다고 했는데, 정말 나는 최우등으로 아무 쓸모 없는 졸업장을 땄다. 그 후 6개월 동안 집에서 힘든 시간을 보냈다. 동생 말로는 그때 내가 에든버러 대학에서 고전문학 교수로 오라는 제안을 거절했었다고 한다. 그 일이 전혀 기억나지 않는 걸 보면 나는 고전문학을 계속하거나 영국에 남아 있을 생각이 없었던 것 같다.

하지만 정말 무슨 일을 할지 막막했다. 어머니는 나름 이런저런 생각을 많이 하고, 나더러 영국 외교관이 되라고 하셨다. 하지만 나는 공무원이 되고 싶지 않았고, 더구나 망해가는 제국의 공무원이 될 생각은 추호도 없었다. 그러자 어머니는 (극동에서 사업을 하는) 아버지 친구들에게 연락해 그쪽으로 일자리를 알아보았다. 하지만 그러기는 더 싫었다. 그렇게 몇 달이 흐르면서 어머니와 나 사이에는 점점 긴장이 커졌다.

그러다가 내게 또 다시 행운이 찾아왔다. 그 동안 이튼 장학생 동기들과 연락을 주고받고 있었는데, 어느 날 그중 뉴욕 주 이타카 시에 있는 코넬대에서 일하고 있는 리처드 케너웨이라는 친구에게서 편지가 온 것이다. 이듬해에 있을 식민지 발령을 기다리는 동안 코넬대 정부학과(즉, 정치학과) 조교로 일하고 있는데, 그 자리로 오면 어떠냐는 얘기였다. 내 생각에 어머니는 좋아하실 것 같았다. 내가 뭔가 취직을 해서 집에서 나가기만 한다면 한시적인 자리라도 괜찮다고 하실 것 같았다. 그런데 나는 정치학 과목을 들어본 적도 없고, 교육 경력도 전혀 없었다. 그러자 친구는 아무 상관없다고 했다. 강의 진도보다 한두 주일만 먼저 예습하면 미국 학생들은 나의 영국 악센트에 푹 빠질 거라고 했다.

그래서 나보다 훨씬 오래 전부터 정치에 관심이 많았고 미국에 대해 훨씬 더 많이 아는 동생에게 물어봤더니 당연히 가야한다고 했다. 그러면서 이제부터 신문도 보고 텔레비전도 좀 보라고 했다. 인도네시아에서 곧 내전이 벌어질 텐데, 공산주의 국가 이외의 나라에서는 그 지역 공산당(PKI)이 세계에서 가장 많은 당원을 확보하고 있다는 얘기였다. 하지만 미 중앙정보국(CIA)이 반공산주의 군웅들을 지원하고 있고, 보수적인 지역 정치가들이 좌익 민족주의 대통령인 수카르노(Soekarno)를 밀어내려 하고 있었다. 마침 코넬대 정부학과가 조지 카힌(George Kahin)이라는 젊은 교수를 영입했는데, 이 사람이 바로 인도네시아 현대사 연구의 세계적인 권위자고 1945~49년에 걸친 반식민주의 무장 투쟁을 적극적으로 지원해 온 사람이라는 것이었다.

결국 나는 코넬에 가 보기로 했고, 케너웨이는 곧바로 조교 자리를 알선해 주었다. 당시 나는 스물한 살이었다.

미국으로의 여행도 특별한 경험이었다. 내가 탄 배는 퀸 메리라는 거대한 여객선이었는데, 영국에서 미국으로 가는 이 닷새가 마지막 항해였다. 뉴욕에 도착해서는 기차로 이타카까지 갔는데, 1958년 1월 초 도시는 허리까지 눈에 파묻혀 있었다.

스물한 살이 될 때까지 내가 누린 이런저런 행운을 다 꼽아볼 필요는 없다. 중요하지만 거의 유일한 불행은 내가 아홉 살 때, 아버지가 겨우 쉰다섯의 나이로 세상을 뜨신 일이었는데, 더 생각해 보면 무심결에 언급한 더 큰 그림이 떠오를 것이다. 이 그림에는 지리적, 역사적 측면이 있다.

지리적으로 볼 때, (그때는 몰랐지만) 나는 삶에 대해 국제적이고 상대적인 시각을 가질 수밖에 없는 운명이었다. 사춘기 이전에 나는 이미 윈난성(雲南省), 캘리포니아, 콜로라도, 독립된 아일랜드, 영국에서 생활했고, 아일랜드인 아버지, 영국인 어머니, 베트남 유모 밑에서 자랐다. 가족의 (비밀) 언어는 프랑스어였고, 라틴어를 만나자마자 사랑에 빠졌고, 우리 부모님 서재에는 중국, 일본, 프랑스, 러시아, 이탈리아, 미국, 독일작가들의 책이 꽂혀 있었다.

주변인이라는 느낌도 한몫했다. 캘리포니아에 살 때는 영국 발음 때문에, 워터포드에 있을 때는 미국 숙어 때문에, 영국에서는 아일랜드식 영어 때문에 비웃음을 샀다. 이걸 보고 뿌리나 확실한 정체성이 없는 삶이라고 생각하는 사람도 있겠지만, 좋게 보면 이는 아일랜드, (어떤 면에서) 영국, 그리고 문학과 영화를 통해 세계 여러 나라에 대해 내가 갖게 된 애정을 상징한다고 할 수도 있다. 그래서 나중에 언어를 통해 인도네시아, 샴, 필리핀을 쉽게 사랑하게 됐을 수도 있다.

타이어와 인도네시아어는 서로 아무런 연관이 없고 전혀 다른 어군에 속하지만, 둘 다 이들 나라에서 바가지로 쓰는 코코넛 껍질 속에 평생 갇혀 사는 개구리라는 숙명적인 이미지를 간직해 왔다. 코코넛 껍질 속에 가만히 앉아 있는 개구리는 얼마안 가 이 껍질이 온 세상이라고 생각하게 된다. 이 이미지가 담고 있는 교훈은 이 개구리가 편협하고, 촌스럽고, 집안에만 틀어박혀 있고, 별 이유도 없이 자만심에 빠져 있다는 것이다. 이 개구리와 달리 나는 어디 정착할 정도로 같은 곳에 오래 있어본 적이 없다.

여기서 잠깐 내가 왜 태국보다 샴이라는 이름을 더 좋아하는지 설명해야겠다. 이 나라의 이름은 늘 샴이었고, 그래서 (영어에서) '샴쌍둥이'니 '샴고양이'니 하는 말이 있는 것이다. 그러다가 1930년대 후반에 민족주의자이며 군부독재자인 야전사령관 쁠랙 피분송크람(Plaek Phibunsongkhram)이 '태국(Thailand)'으로 국명을 바꾸었다. 제2차 세계대전 후 민간인들이 잠시 권력을 잡았을 때 '샴'이라는 이름을 다시 부활시켰다. 하지만 1947년 군부가 다시 권력을 장악해 이후 25년 (냉전 기간) 동안 유지하면서 '태국'이 철저히 제도화되었다.

두 이름을 둘러싼 논쟁은 아직도 진행 중이다. 자유주의자 및 온건한 좌익들이 대부분인 '태국' 비판자들은 나라를 다수이긴 하지만 50여 개 부족 중 하나인 타이와 동일시하는 이 이름을 좋아하지 않는다. 이 이름이 소수민족, 특히 남쪽에 사는 말레이 무슬림에 대한 편협하고 억압적인 태도를 조장한다고 생각한다. '샴'을 싫어하는 이들은 이 명칭이 전근대적이고 비민주주의적이고 봉건적인 시대를 연상시킨다고 생각한다. 나는 태국 비판자들과 같은 입장이기 때문에 이미 확립된 기관명들을 제외하고는 '샴'이라는 이름을 쓰면 좋겠다.

나는 이전의 세계가 끝나는 시점에 어린 시절을 보냈다. 그 혜택을 누리는 거의 마지막 세대라는 걸 알지 못한 채 훌륭한 구식 교육을 받았는데, 이 교육은 아주 보수적으로 중상류층 전통의 전승자를 양성하도록 고안된 것이었다. 이런 교육을 받은 아이는 그때까지만 해도 여전히 정치적 과두제의 일원인 고급 공무원이나 존경 받는 구식 교사가 될 가망이 있었다.

하지만 전후 노동당 정부에 의해 시작된 평화로운 사회 혁명은 냉전, 미국의 패권, 상업적 세계화, 제국의 몰락에 훨씬 더 쉽게 적응할 수 있는 새로운 고등학교와 대학교들을 만들어냈고, 학생들은 경제학, 경영 관리, 매스 커뮤니케이션, 사회학, 현대 건축학, (천체물리학부터 전문적인 고생물학에 이르는) 과학 과목들을 배워야 했다. 이제 아마추어들은 설 자리가 없었다. 언어 자체도 변하고 있었다. 내가 배운 BBC 영어는 계급 차별적이라는 비판을 받고 점차 대중적인 버전으로 대체되었다. 다른 언어의 시는 물론이고 영어로 된 시도 외우는 사람이 없어졌다.

학교도 바뀌었다. 교사나 선배들이 학생들을 규칙적으로 때리는 시대는 끝나고, 남학생만 다니는 학교는 비민주의적이라는 비판 때문에 이런저런 장단점을 지닌 남녀 공학으로 바뀌었다. 나는 책, 라디오, 흑백영화로 교육 받은 (그리고 혼자 공부한) 마지막에서 두 번째 세대일 것이다. 우리 때는 텔레비전도 없었고, 할리우드 영화도 거의 없었으며, 비디오 게임이나 인터넷도 없었다. 심지어 타자기도 없었다. 나는 성인이 된 후 미국에 가서야 타자를 배웠다.

어렴풋하지만 우리 가족 안에서도 이 변화를 감지할 수 있었다. 남동생은 나와 같은 방식으로 교육 받았다. 하지만 옥스퍼드를 졸업한 일곱 살 연하의 여동생은 당시 막 등장한 새로운 세상의 일부였다. 나와 정치적으로 더 진보적이고 머리 좋은 내 동생 사이에도 뚜렷한 차이가 있었다. 그 차이점 중 하나가 미국이었다. 실제로 미국에 도착한 날까지 나는 그 나라에 대해 아무런 관심도 없었다. 미국 역사에 대해 전혀 몰랐고, 위대한 미국 소설을 읽어본 적도 거의 없고, 미국 영화를 보면 금세 지겨워지거나 짜증이 났고, 미국의 대중음악은 알지도 못한 채 경멸만 하고 있었다. 그런데 바흐나 슈베르트를 치는 내 피아노 소리에 지친 동생은 남미의 룸바나 엘비스 프레슬리의 음반을 크게 틀어 복수했다. 미국에 그렇게 오래 살았고, 좋은 미국 친구를 많이 사귀었고, 다양한 흑인 음악을 좋아하면서도 아직도 나는 미국 사회와 문화로부터 소외, 아니면 적어도 거리감을 느낀다. 그런데 아버지는 1920년대에 나온, 용감한 공산주의자인 록웰 켄트(Rockwell Kent)의 환상적인 삽화가 실린 『백경 *Moby Dick*』을 남기셨고, 허먼 멜빌은 여전히 내게는 최고의 소설가다.

내가 '마지막 세대'라는 데에는 또 다른, 좀 더 전문적인 의미도 깃들어 있다. 나는 영국과 마찬가지로 미국 학자들의 삶이 근본적으로 변화하기 직전인 1958년에 미국에 도착했다. 1960

년대 초와 중반에 우리가 '이론'이라고 부르는 거대한 기계가 모습을 드러내기 시작했다. 이제는 골동품이 된 '행동주의' 혁명이 그 시발점이 되었다. 실증적이고 현실적인 미국인들에게 '이론'이 자연스럽게 다가온 건 아니겠지만 심대한 영향을 끼치긴 했다. 이론 덕분에 각 분야가 다른 분야들과 차별화하고자 애썼고, 자기들만의 용어를 만들어 내려고 노력했다.

내가 미국에서 공부할 때는 이런 변화가 일어나기 전이었기 때문에 정치학과 학생이 역사나 인류학 과목을 들어도 교수님들은 개의치 않았다. 그런데 1960대 후반에는 그러기 어려웠다. 아이러니한 것은 30년 후 미국의 학자들은 한 세대 전에 그런 일이 이미 있었다는 것을 까맣게 잊고 학제간 연구에 대해 열변을 토하기 시작했다는 것이다.

내가 성인이 된 후 일어난 변화가 여러 면에서 좋았다는 사실을 부정하는 건 아니다. 내가 강조하고 싶은 것은 나는 이런 변화가 일어나기 직전에 공부를 마쳤다는 것이다. 이런 변화가 일반화되기 직전에 학교를 마친 덕분에 나는 새로운 시스템에 의해 만들어진 게 아니라 그걸 외부에서 관찰할 수 있는 입장에 설 수 있었다.

제2장

지역 연구

결과적으로 보면 운명은 내가 생각했던 것과 다르게 전개되었다. 나는 얼마 안 가 코넬의 아름다운 자연 환경과, 인도네시아, 동남아시아, 미국 정치에 대한 조지 카힌의 강의에 매료되었다. 코넬에 도착한 지 일 년 후, 나는 드디어 삶의 목표를 정했다. 교수가 되어 연구, 저술, 강의를 하고, 학문적으로나 정치적으로 카힌 교수의 발자취를 따라가고 싶었다. 교수님은 뛰어난 학자일 뿐 아니라, 신념과 정력이 넘치는 분이셨다. 그 분에 대해서는 나중에 더 얘기하겠다.

그래서 나는 코넬에 남기로 했다. 어머니는 내가 가족들로부터 그렇게 멀리 떨어져 있는 건 아쉽지만 그래도 직장을 잡아서 다행이라고 하셨다. 나는 어머니께 매주 편지를 썼고, 해마다 크리스마스와 여름휴가 때는 고향으로 돌아갔다. 어머니도 꼬박꼬박 편지를 쓰셨고, 실리아 이모는 대개 미국 것보다 더 어려운 크로스워드 퍼즐을 오려 보내 주셨다.

취업 후 처음에는 카힌 교수의 동남아시아 강의가 좋았지만, 미국 대학원 생활에 적응하는 데 여러 달이 걸렸고, 꽤 오랜 시간이 지나서야 그 옛날에 대학원에 동남아시아 과정을 개설한 코넬이 얼마나 독특한 곳이었는지 알게 되었다. 이걸 이해하기 위해서는 코넬을 잠시 벗어나서 미국인들이 지역 연구라고 부르게 된 이 분야가 제2차 세계대전 후 갑자기 부상하게 된 배경을 살펴보아야 한다.

미국은 제2차 세계대전 이전에도 경제적으로는 전 세계적으로 세를 넓혀가고 있었지만, 외교적으로는 고립주의 정책을 유지했다. 우드로 윌슨이 그렇게 애썼는데도 미국은 국제연맹 가입을 거절했고, 식민지는 필리핀 하나뿐이었으며, 전에 영국의 식민지여서 그런지 몰라도 '유럽'이나 일본의 식민제국주의 행보에 별로 개입하고 싶어 하지 않았다. 1930년대 중반에 이미 1946년의 필리핀 독립을 입안했을 정도였다. 당시 미국 해군은 규모도 크고 현대화되어 있었지만 육군과 공군은 약체였다. 먼로주의 정책 하에서 미국이 정치적으로 개입하는 범위는 '자기 뒷마당'인 중남미, 카리브해, 태평양 정도였다. 미국의 학계도 이 큰 그림을 반영하고 있었다. 유럽 이민이 워낙 많고 학문 또한 유럽이 우월했기 때문에 많은 미국 학자들이 영국, 프랑스, 독일, 이탈리아 등 서유럽의 주요 국가들을 연구했다. 러시아는 강력한 이념적 맞수라는 이유로 연구 대상이 되었다. 아시아에

서는 중국과 일본만 관심의 대상이었다. 일본이 관심을 끈 이유
는 태평양 지역에서 미국과 경쟁할 만한 군사력을 보유하고 있
었기 때문이다. 지역 연구 초기에 중국이 큰 관심을 모은 이유는
19세기 말부터 미국 선교사들이 많이 가 있었기 때문이다. 1940
년대 후반 장제스(蔣介石) 정권이 무너지자 이념과 수준에 상관없
이 많은 중국 학자들이 미국으로 망명해 반공산주의 중국학의
위상을 높였다. 일본이나 여타 국가 출신 학자들과 달리 중국
학자들은 어떤 정치적 어젠다를 갖고 있는 경우가 많았다. 이들
은 비슷한 이념을 지닌 미국의 중국학자들과 손잡고 아시아와
미국의 학문적 관계에서 크고 영향력 있는 집단을 형성했다.

인도에 대한 연구도 있었지만, 식민 치하에 있는 현대의 인도
를 다루는 게 아니라 유럽 오리엔탈리즘의 영향을 받은 산스크
리트 학자들의 작업에 국한되어 있었다. 한두 명의 인류학자 빼
고는 아무도 아프리카, 중동, 중앙아시아, 동남아시아를 연구하
지 않았다. (필리핀을 제외하면) 동남아시아를 진지하게 연구하
는 전문가는 마거릿 미드, 그레고리 베이트슨(Gregory Bateson, 발리),
코라 뒤부아(Cora Dubois, 알로어Alor)[1], 루퍼트 에머슨(Rupert Emerson,
말라야) 등, 그야말로 한 손에 꼽을 정도였다. 내가 코넬 정부학과
에서 공부하기 시작한 1958년까지도 몇 안 되는 교수진은 대부

---

1 알로어 세타(Alor Setar): 말레이시아 반도의 서해안에 있는 도시.

분 미국학 연구자였다. 소련 전문가 한 분, 서유럽 전문가 한 분에, 조지 카힌은 아시아 전체를 다루고 있었다. 라틴 아메리카나 동유럽, 아프리카, 중동을 다루는 사람은 하나도 없었다.

제2차 세계대전이 이런 상황을 단번에 바꾸어 놓았다. 미국이 갑자기 세계적인 강대국이 되고, 독일과 일본은 완전히 패망하고, 영국과 프랑스는 승전국이긴 했지만 막대한 참전 비용 때문에 세계 제국주의 경쟁에서 급격히 뒤처졌고, 1960년대에는 식민 제국을 거의 다 상실했다. 소련은 그대로였지만 아직은 세계보다는 지역의 강자였다. 미국은 국제연맹에는 가입하지 않았지만 이제 뉴욕에 본부를 둔 국제연합의 가장 중요한 구성원이었다. 이런 상황에서 더 큰 힘을 갖게 된 미국의 엘리트들은 본인들이 정치적으로 중요한 역할을 해야 할 세계 여러 나라에 대해 아는 게 거의 없다는 사실을 절감했다. 아시아, 그리고 얼마 후 아프리카에서 수많은 식민지들이 독립을 쟁취하고 있는 상황이었으니 한시라도 빨리 그 지역들에 대해 연구할 필요가 있었다.

전후 미국에서 지역 연구가 부상했다는 것은 국제 사회에서 차지하게 된 새로운 위상과 직접적인 관련이 있다. 미국 정부는 서유럽 이외 지역의 현대 정치 및 경제 연구에 막대한 돈과 자원을 투입하기 시작했다. 하지만 역사, 인류학, 사회학, 문학, 예술 분야에 대한 지원은 훨씬 적었다. 냉전이 본격화되면서 정책 분야, 특히 '국제 공산주의'의 (사실이든 아니든) 위협과 관련된 연구에 대한 관심이 커졌다. 이처럼 연구 분야들이 늘어나는 과정에서 주도적인 역할을 한 것은 CIA, 국무성, 국방성이었다. 하지만 록펠러 재단이나 포드 재단 같은 사설 기관들도 정부의 역할 중 '정책'의 중요성을 강조함으로써 이런 변화에 기여했다.

오랫동안 지속된 프랭클린 루스벨트 대통령의 임기[2] 동안 성장했고, 대부분 높은 학력을 지닌 이런 재단의 고위 관리들은 정부 관료들보다 더 진보적인 시각을 지니고 있었고, '국제 공산주의'에 맞서 싸워야 한다는 생각이 그렇게 강하지 않았다. 이들 대다수가 더 깊이 있고 역사에 토대를 둔 연구가 중요하다고 생각했는데, 이는 정부 산하 기관보다는 개방적인 대학에서 더 쉽게 이루어질 수 있었다. 이들은 또 그런 연구를 위해서는 장기적인 계획, 연구에 필요한 자료를 충분히 갖춘 도서관, 그리고 전쟁 전에는 거의 가르치지 않았던 여러 언어에 대한 능률적인 교수법 연구가 선행되어야 한다고 생각했다.

당시 서구인의 눈에 비친 '동남아시아'는 어떤 곳이었을까? 오래 전부터 내려온 한자 중에 남양(nan-yang, 南洋)이라는 말이 있는데, 여기에는 '남쪽 지역'이라는 뜻도 있지만 '물'이라는 뜻도 내포되어 있었다. 그래서 이 말은 북경에서 봤을 때 남쪽이고 수로나 해로를 통해 도달할 수 있는 지역을 가리켰다. 그리고

---

2 4선 대통령인 루스벨트(1882~1945)의 임기는 1933~45년.

시대에 따라 남양은 중국의 동남 해안에 있는 지역을 가리키기도 하고, 필리핀과 인도네시아의 섬들과 말레이 반도를 뜻하기도 했다. 하지만 육로로 갈 수 있는 버마나 라오스는 예외였다. '남양'과 같은 어원을 지닌 일본어의 '남방(南方)'은 메이지 시대 들어 더 명확하고 정치적인 의미를 띠게 되었는데, 오늘날 우리가 알고 있는 동남아시아는 물론 제1차 세계대전 후 일본이 위임통치하게 된 서태평양의 넓은 지역을 가리켰다.

완전히 현대적인 의미로 동남아시아라는 말을 처음 사용한 서양 학자는 위대한 버마 전문가인 존 퍼니발(John Furnivall)이다. 그는 태평양전쟁 발발 직전인 1941년에 『동남아시아의 복지와 진보』를 펴냈다. 하지만 결정적인 변화는 전쟁 중에 일어났다. 미국령인 필리핀을 제외한 동남아시아 전역을 '해방'시키겠다는 목적으로 창설된 루이스 마운트배튼[3]의 동남아시아 사령부(Southeast Asia Command)가 그것이다. 사령부는 (한동안) 버마, 말라야, 싱가포르에서 영국의 식민 통치를 부활시켰을 뿐 아니라, 오늘날의 인도네시아에서 네덜란드가, 인도차이나에서 프랑스가 비슷한 시도를 하는 데 큰 도움을 주었다. 하지만 전쟁이 끝

---

3 루이스 마운트배튼(Louis Francis Albert Victor Nicholas Mountbatten, 1900~79): 영국의 군인, 정치가. 해군 제독으로 제2차 세계대전에 참전. 동남아시아 지역연합군(SEAC) 총사령관, 인도의 마지막 총독, 지중해함대 사령관, 국방참모총장 역임. 1979년 IRA(아일랜드공화국군)의 폭탄 테러로 사망.

나고 얼마 안 가 폐지되었다.

'동남아시아'라는 말이 지금의 뜻으로 굳어진 것은 그 이전에 일본이 그랬듯이 인도와 중국 사이에 있는 전 지역을 지배하려는 미국의 야심 때문이었다. 유럽 열강은 이 지역을 자기들끼리 나눠 갖고 각자의 식민지를 관리하는 데 그쳤지만, 미국이 이렇게 나오면서 그 지역을 연구하는 방식이 근본적으로 바뀔 수밖에 없었다.

전쟁 전에 동남아시아의 여러 지역에 대해 가장 뛰어난 연구를 수행한 이들은 대도시에 있는 대학 교수들이 아니라 식민지에 근무하는 학구적인 관료들이었다. 이들은 그 식민지에서 오랫동안 거주했고, 그 지역 여성들과 결혼하거나 연애를 했다. (그중 일부는 동성애자였으나 어떻게든 그 사실을 숨겨야 했다.) 이들은 대개 자신의 연구를 일종의 취미로 생각했고, 주로 고고학, 음악, 고대문학, 역사 분야에 관심이 있었다. 일반적으로, 이런 분야의 연구는 정치적 간섭을 받지 않았다. 정치나 경제 분야를 연구하면 식민 정부의 눈치를 봐야 했기 때문에 그런 쪽을 공부하는 사람은 많지 않았다

가장 중요한 사실은, 이런 연구자들은 대개 한 분야—자기가 담당한 분야—만 연구했고, 다른 분야에 대해서는 관심도 없고 잘 알지도 못했다는 것이다. (영국령 버마와 네덜란드령 인도네시아를 다룬 식민지 정책과 업무를 다룬) 존 퍼니발은 공직에서

물러난 후에야 그 책을 썼다. 형편이 그랬기 때문에 1950년대와 1960년대 초까지는 동남아시아를 다룬 쓸 만한 미국 자료가 별로 없었다. 그래서 우리 세대는 관료-학자들의 연구에 의존해야 했고, 그런 자료를 읽으려면 프랑스어나 네덜란드어를 배워야 했다. 버마에 대해서는 퍼니발과 루스(Luce)[4], 인도차이나에 대해서는 뮈[5]와 세데스[6], 말라야에 대해서는 윈스텟[7]과 윌킨슨[8], 쉬리케[9], 인도네시아에 대해서는 삐고[10]와 반 뢰어[11]의 책을 읽었

---

4 고든 루스(Gordon Hannington Luce,1889~1979): 영국의 학자로, 버마의 역사와 언어를 연구.『18세기 중국의 버마 침략』,『초기 버마의 경제』등을 펴냈음.

5 폴 뮈(Paul Mus, 1902~69): 프랑스 학자로, 베트남과 동남아시아 관련 책들을 저술. 후에 콜레주 드 프랑스(Collège de France)와 예일 대학교 교수를 겸임하며 불교와 비교언어학 책들을 펴냈음.

6 조르주 세데스(George Coedès, 1886~1969): 프랑스 학자로, 동남아시아의 고고학과 역사를 연구. 산스크리트어, 고대 크메르어 연구로 유명.『앙코르 Angkor』,『서남아시아의 형성』등을 펴냈음.

7 리처드 윈스텟(Sir Richard Olaf Winstedt, 1878~1966): 영국의 식민지 관리 및 학자로, 영국령 말레이의 언어와 문화를 연구.『말라야의 역사』,『말레이어 사전』등을 펴냈음.

8 리처드 윌킨슨(Richard James Wilkinson, 1867~1941): 영국의 식민지 관리 및 학자로, 말레이의 언어와 역사를 연구. 프랑스어, 독일어, 그리스어, 이탈리아어, 스페인어, 말레이어, 호키엔어에 능했던 그는 주로 싱가포르에서 근무했고, 두 개의 대학을 설립했으며, 식민지의 재정 안정을 위해 탁월한 역량을 발휘했음. 그 후에는 시에라리온 총독으로 근무(1916~22). 리처드 윈스텟과 함께 말레이 시집을 펴냈음.『영어-말레이 사전』,『말레이 문학』,『말레이 반도의 역사』등을 펴냈음.

던 것이다.

전쟁 후 미국에서는 상황이 완전히 달라졌다. 그때부터는 동남아시아에 대한 연구는 거의 다 그 지역 관료로서의 경험이 적거나 전혀 없는 교수나 대학원생이 맡게 되었다. 이들은 직업과 바쁜 일정 때문에 해당 지역에서 장기간 체류하기 어려웠다. 첫 세대 연구자들은 버마어, 베트남어, 크메르어, 타갈로그어, 심지어는 타이어나 말레이-인도네시아어를 제대로 배운 적이 없었고, 상당수가 동남아 여성과 결혼했지만 미국으로 같이 돌아왔다.

미국 정부의 우선순위가 변함에 따라 각 분야의 위상도 달라졌다. 정치학이 아주 중요해졌고, 경제학, 인류학 (미국 정부는 어떤 부족이나 소수민족의 저항에 관심을 갖고 있었다), 현대사가 그 뒤를 이었다. 문학과 예술은 별 관심을 끌지 못했다.

당시 미국 학계에 대해 또 하나 알아둘 게 있다. 미국에는 필리핀 말고는 학자들이 이용할 식민지 관련 자료가 거의 없었기

---

9 버트람 쉬리케(Bertram 'Bep' Johannes Otto Schrike, 1890~1945): 네덜란드의 정치가 및 학자로, 바타비아(현재의 자카르타)에 있는 네덜란드령 동인도(현재의 인도네시아)의 민속학 및 역사 교수 역임. 후에 네덜란드의 교육 및 인문과학 장관 역임.

10 테오도르 삐고(Theodoor Gautier Thomas Pigeaud, 1899~1988): 네덜란드의 자바 문학 연구가.『자바어-네덜란드어 사전』(1938)으로 유명.

11 야곱 반 뢰어(Jacob Cornelius van Leur, 1908~42): 네덜란드의 학자로, 주저는 『인도네시아의 무역과 사회: 아시아의 사회·경제사 연구』(1955).

때문에 대개 현대사에 집중할 수밖에 없었다. 영국, 네덜란드, 프랑스에는 제국주의-식민지에 대한 자료가 아주 많았기 때문에 해방 후에도 오랜 기간 네덜란드 학자들은 인도네시아를, 프랑스 학자들은 인도차이나를, 영국 학자들은 말라야, 싱가포르, 버마를 연구했고, 현대보다는 역사적인 주제를 연구했다. 유럽 학자들은 한 세대 이상 지나서야 학문적, 행정적으로 미국인들이 하고 있는 연구를 따라잡았다.

'동남아시아 연구'를 전문적으로 수행하는 데 필요한 제도적 공간을 마련하는 데 앞장선 것은 포드와 록펠러재단이었다. 1940년대 말과 1950년대 초에 예일대(1947년)와 코넬대(1950년)는 동남아시아를 연구하는 통합 과정을 개설하고, 교수를 뽑고, 도서관을 세우고, 전문적인 언어 교육 과정을 만들고, 현장 연구 비용과 장학금 지급에 필요한 상당액의 기금과 제도적 지원을 받았다.

이 두 대학이 선정된 것은 주로 어려운 초기 단계에 주도적인 역할을 할 역량을 지닌 인재들이 많았기 때문이다. 코넬 프로그램의 초대 학과장은 인류학자인 로리스턴 샤프(Lauriston Sharp)였다. 그는 1930년대에 호주의 원주민을 연구했는데, 전쟁 중에는 국무성에 차출되어 동남아 연구를 했다. 그는 '식민화되지 않은 타이'에 특별한 흥미를 느꼈고, 코넬로 돌아온 후에는 부속 연구소인 코넬대 현대 타이 프로젝트를 만들었다.

샤프는 특별한 인재를 둘이나 모셔 왔다. 언어 및 언어학 교수 존 에콜스(John Echols)는 십여 개의 언어를 구사했고, 원래 스칸디나비아에 관심이 많았는데, 전쟁 중에는 중립국인 스웨덴에 첩보원으로 파견되었다. 전쟁 후 그는 인도네시아에 큰 관심을 갖게 되었고, 최초의 영어-인도네시아어 사전을 편집했다. 그의 주도로 개발된 코넬의 동남아시아 언어 교육 프로그램 덕분에 얼마 후에는 그 지역의 거의 모든 주요 방언을 가르칠 수 있었다. 에콜스는 다른 면에서도 대단한 사람이었다. 그는 거의 혼자 힘으로 코넬대 도서관에 세계 최대 규모의 동남아시아 관련 자료를 수집했고, 나이 들어서는 무보수로 이 엄청난 일에 매달렸다. 코넬대에 영입된 교수들이 다른 대학으로 가지 않은 것이나 최고의 학생들이 코넬로 몰려온 것은 주로 이 자료들 때문이었다.

조지 카힌 역시 대단한 인물이었다. 태평양전쟁 말기 수 년 동안 하버드 학부생이었던 카힌은 극동을 비롯해 여러 지역의 국제 문제에 깊은 관심을 갖게 되었다. 정치에 별로 관심이 없었던 샤프나 에콜스와 달리 카힌은 아주 정치적이었다. 진주만 공격 직후에 그가 그처럼 적극적으로 정치적 입장을 표명한 것은 그의 진보적인 시각과 용기를 잘 보여 주는 일화이다. 일본이 진주만을 공격하자 격분한 미국인들은 서해안에 거주하고 있는 일본계 미국인들을 잡아다가 끔찍한 포로수용소에 집어넣고 전쟁이 끝날 때까지 억류했다. 몰염치하고 인종차별적인 상인들은 그들에게 빚진 돈을 떼먹었고, 그 때문에 일본인들의 삶은 더욱 힘들어졌다. 카힌은 용감한 퀘이커 교도들이 주도하는 모임에 들어가 이 자들이 빚을 갚도록 법적인 조치를 비롯해 이런저런 노력을 기울였는데, 이는 당시의 정치적 분위기에서는 반애국적인 활동으로 보일 수도 있었다.

군에 입대한 카힌은 인도네시아와 말라야에서 일본군 진영으로 침투할 낙하산 훈련을 받았다. 그런데 미 국방성을 아는 사람이면 능히 짐작하겠지만 나중에 그는 이탈리아에 파견되었다. 하지만 이 훈련 덕분에 카힌은 인도네시아에 깊은 관심을 갖게 되었고, 제대하자 곧바로 대학원에 입학, 길고 긴 무장 독립전쟁이 한창이던 1948년에 인도네시아로 현장 연구를 떠났다. 그는 유명한 인도네시아 민족주의자들과 친분을 쌓았고, 네덜란드 전선을 뚫고 여러 곳을 답사했으며, 미국 신문에 인도네시아에 우호적인 기사들을 송고했다. 그리고 나중에는 네덜란드에 맞서 싸우는 인도네시아인들을 돕기 위해 미 의회에서 로비 활동을 벌이기도 했다.

카힌은 이제 고전이 된 『인도네시아의 민족주의와 혁명』이 출간되기 직전인 1951년에 코넬에 부임했다. 이 책은 현대 동남아시아의 정치를 다룬 미국 최초의 위대한 전문 서적이다. 당시 미국은 주로 동남아시아의 정치에 관심을 갖고 있었던 터라 정치학자인 그가 코넬에 온 것은 정말 중요한 사건이었고, 많은 학생들이 카힌 밑에서 공부하고 싶어 했다. 그런데 불행히도 이 때 매카시 선풍이 한창이었고, 국무성의 우익 인사들은 카힌이 인도네시아의 공산주의자들과 친하다는 거짓된 이유로 몇 년 씩 그의 여권을 압수하곤 했다.

샤프의 지원 하에 카힌은 서로 전혀 다른 두 사람의 중요한 인재를 동남아시아 프로그램에 끌어왔다. 경제학자이자 경제 사학자인 프랭크 골레(Frank Golay)는 전쟁 중 해군의 첩보원으로 일하면서 필리핀에 대해 관심을 갖게 되었다. 그는 정통 경제학 자였고 여러 면에서 아주 보수적인 사람이었지만, 그의 전공인 경제학은 아주 중요했고 필리핀에 대한 관심도 대단했으며 교 수로서도 훌륭했다. 카힌이 영입한 두 번째 교수는 클레어 홀 트(Claire Holt)였는데, 정말 낭만적이고 탁월한 인물이었다. 리가 (Riga)의 부유한 유대인 집안에서 태어난 홀트는 제정 러시아 말 기에 성장했기에 모국어는 러시아어였다. 볼셰비키 혁명이 일 어나자 가족은 스웨덴으로 이주했고, 홀트는 처음에는 파리, 그 후에는 뉴욕에서 무용, 특히 그중에서도 발레 평론가 겸 기자로 활동했다.

남편이 불의의 사고로 세상을 떠나자 홀트는 친구와 함께 동 양으로 여행을 떠났다. 그런데 네덜란드 식민지인 인도네시아 에서 그 나라와 국민들을 정말 좋아하게 되었고, 자바의 춤을 배워 상당한 경지에 이르렀다. 그녀는 또 뛰어난 독일 고고학자인 빌헬름 슈투터하임(Wilhelm Stutterheim)의 연인이 되어 그를 통해 식민화되기 전 인도네시아의 문명에 대해 자세히 알게 되었다. 그러다가 다시 비극이 닥쳤다. 1940년 봄 나치가 네덜란드를 침입한 후, 슈투터하임과 식민지에 거주하는 모든 독일인이 억류되었고, 태평양전쟁이 발발하자 네덜란드 식민정부는 이들을 영국령 인도로 수송하기로 결정했다. 그런데 이들이 탄 배가 수마트라 인근 해상에서 일본기의 공격을 받아 침몰하면서 배에 타고 있던 모든 사람이 목숨을 잃었다.

미국으로 돌아온 뒤 클레어는 젊은 외교관 및 첩보요원들에게 말레이어와 인도네시아어를 가르치게 되었다. 그러다가 매카시 선풍이 일어나자 클레어는 너무 화가 나고 우울해서 그 일을 그만 두었다. 전부터 그녀를 알고 있던 카힌은 이 기회를 놓치지 않고 그녀를 코넬로 모셔 왔고, 1970년 세상을 떠날 때까지 클레어는 거기서 일했다. 정식 학위가 없어서 교수가 될 수는 없었지만 그녀는 인도네시아어를 잘 가르쳤고, 식민 시대의 인도네시아 사회 및 그 나라의 문화, 공연 예술에 대해 정말 해박한 지식을 갖고 있었다. 코넬 동남아시아 프로그램의 구성원 중 현지에서 오랫동안 생활했던 사람은 클레어뿐이었다. 그녀는 또 프로그램 내의 유일한 여성, 예술에 깊은 관심을 가진 유일한 사람이었다.

예일대의 동남아시아 프로그램은 규모는 작지만 몇 가지 측면에서 코넬보다 유리했다. 프로그램을 만든 칼 펠저(Karl Pelzer)는 오스트리아에서 이민 온 농경제학자로, 식민지 인도네시아에서 일하며 그 곳의 거대한 농장들을 연구한 바 있었다. 하지만 (너무 일찍 세상을 떠날 때까지) 프로그램의 핵심적인 인물은 해리 브렌다(Harry Brenda)였다. 체코에서 이주해 온 유대인인 브렌다는 젊은 시절 전쟁 전 자바에서 사업을 했다. 일본이 자바를 점령한 동안 그는 수용소에 갇혀 죽을 고비를 넘겼다. 1946년 수용소에서 풀려나자 브렌다는 미국으로 건너와 코넬에서 전쟁 전과 전쟁 중 인도네시아에서 일본인과 모슬렘들 사이의 관계를 다룬 뛰어난 학위논문을 썼다. 그는 카힌보다 몇 살 위였지만 카힌이 처음 배출한 제자 중 하나였다. 브렌다가 정치학 논문을 쓰고도 예일의 역사학 교수가 된 것을 보면 그 당시 미국 학계가 얼마나 유동적이었는지 짐작할 수 있다.

펠저와 브렌다의 영향으로 예일은 좀 더 '미국적인' 코넬에 비해 '유럽적인' 문화와 시각을 갖게 되었다. 하지만 두 프로그램은 가까운 거리에 있고 교수들도 서로 친했기 때문에 내가 코넬에 들어갔을 때 두 대학은 여름학기의 어려운 외국어 과목을 번갈아 가며 개설할 정도였다.

내가 대학원에 다니는 동안 가장 큰 영향을 준 네 분의 교수는 성격, 재능, 관심사에 있어 서로 큰 차이를 보여 주었다. 클레어 홀트와 해리 브렌다는 나처럼 유럽인이고, 역사와 문화에 관심이 많았다. 브렌다는 뛰어난 머리, 삶에 대한 철저히 회의적인 태도의 소유자로 늘 뭔가를 해야 하는 성격이었고, '인습적이지 않은' 사고를 하려고 노력했다. 그는 미국을 사랑했지만 늘 국외자라는 느낌을 갖고 있었다. 클레어 홀트는 내게 아주 특별한 사람이었고, 나는 그 분 댁에 몇 시간씩 있으면서 예술, 무용, 고고학, 자바의 생활 방식에 대해 묻곤 했다. 러시아 시들을 같이 낭송하기도 했다. 그녀는 전혀 권위적이지 않았고, 내가 대학 문화에 너무 철저히 물들지 않도록 도와주었다.

카힌과 에콜스는 완벽한 미국 신사였고, 친절하고 부드럽고 도덕적이며 학생들에게 헌신적이었다. 에콜스 교수를 통해 나는 현대 인도네시아 문학을 접하게 되었고, 평생 사전들을 좋아하게 되었다. 오늘날까지도 나는 우리 집 서가에서 각종 사전이 꽂힌 부분을 제일 좋아한다. 그리고 코넬대 도서관에서 그의 이름이 붙은 훌륭한 컬렉션에 갈 때마다 나는 진정 헌신적이었던 그 분의 삶을 생각한다. 나의 정치적 정체성 형성에 결정적인 역할을 한 카힌은 진보적인 정치관을 갖고 있었고, 미국 안팎의 현안들에 관련해 적극적인 참여를 통해 정의를 구현하려고 애썼고, 진지한 반대자들에 대해 관용적인 태도를 견지했다.

샤프와 카힌은 둘 다 대학 내의 권력 관계를 지혜롭게 활용했고, 미국 대학에서 학과의 힘이 얼마나 큰지 의식하고 있었다.

이들은 동남아시아 프로그램이 장기적으로 더 커지고 제대로 자리 잡으려면 새로 영입된 교수들이 학문적, 경제적으로 이 학과에 잘 융합되게 만들어야 한다는 걸 예일의 펠저나 브렌다보다 잘 알고 있었다. 미국 대학에 새로 부임한 젊은 교수들은 6년 동안 시험 기간을 거치는데, 그 기간 동안에는 언제든 해고될 수 있다. 그리고 늦어도 6년째 되는 해에는 그 동안의 교육 및 연구 업적에 대해 엄밀한 심사를 받게 된다. 이 심사를 잘 통과하면 조교수에서 부교수로 올라가고 정년이 보장되어 범죄 행위나 심각한 성적 스캔들만 없으면 해고되지 않는다.

샤프와 카힌은 두 단계를 통해 좋은 교수들을 영입했다. (동남아시아를 연구했든 안 했든 상관없이) 일단 학문적으로 뛰어난 성과를 낸 젊은이를 뽑은 다음 록펠러와 포드 재단의 돈을 끌어다 몇 년 동안 월급을 주었다. 그 기간을 잘 넘기면 학과 돈으로 월급을 줄 계획이었다. 다음 단계는, 이 젊은이들로 하여금 동남아시아와 아무 상관없는 학부 과목들을 가르치게 하는 것이었다. 나 같은 경우는 '사회주의의 제(諸) 전통', '영연방의 정치', '군(軍)의 정치적 역할', '정치와 문학' 같은 과목을 배정받았다. 이렇게 하려면 아주 많은 노력이 필요했지만, 덕분에 동남아시아 프로그램이 고립되거나 동양 전문 학과로 전락하는 걸 막을 수 있었다. 중요한 것은 프로그램 내의 모든 교수가 한 전공 분야에 대해 탄탄한 지식을 갖고 있고, 동남아시아뿐 아니라 다른 여러 과목을 가르칠 수 있어야 한다는 것이었다.

1950년대만 해도 이런 목표를 달성하기가 쉽지 않았지만, 1960년대 들어 상황이 크게 바뀌었다. 첫째, 소련이 미국보다 먼저 우주선을 발사하자 정치적으로 힘 있는 인사들과 기관들이 큰 위기의식을 느꼈다. 그들은 미국 대학 교육의 후진성이 그 원인 중 하나라고 생각했다. 그런데 한국 전쟁, 마오쩌둥(毛澤東) 치하의 중국의 성장, 인도차이나의 위기 심화, 동아시아의 전쟁, 중동의 불안정한 정세 등 다른 문제도 많았다. 그래서 1960년쯤부터 장학금, 언어 교육 프로그램 등의 형태로 엄청난 돈이 대학으로 유입되었다. 코넬의 동남아시아 프로그램 같은 지역 연구 학과들이 처음으로 정부로부터 많은 돈을 받기 시작했다.

그렇게 되자 학생들 간에도 세대 차이가 생겼다. 내가 대학원다닐 때는 장학금 제도가 없었기 때문에 대형 강의를 담당한 교수의 조교를 해서 학비를 벌어야 했다. 우리는 그게 당연하다고 생각했고, 미래에 도움이 될 좋은 경험이라고 생각하며 그 기회를 즐기기도 했다. 1961년쯤 되자 대학원생 수도 많이 늘어나고, 대부분이 장학금을 받았으며, (좋은 경험이니까) 강의를 맡으라고 하면 짜증을 내기도 했다.

1960년대 중반이 되자 베트남전쟁이 격화되고 학부생들이 언제든 징집될 수 있다는 위기감도 커지면서 대학을 중심으로 강력한 반전운동이 전개되었고 동남아시아에 대한 관심이 엄청나게 커졌다. 갑자기 미국 전역, 그리고 전국의 모든 주요 대학에서 동남아시아 관련 강좌에 대한 수요가 늘어났고, 대학 측에서는 이를 채워 줘야만 했다. 많은 대학들이 동남아시아 전공 교수를 뽑고 싶어 했고, 동남아시아 관련 주제로 박사학위를 받은 학생들은 대부분 아주 쉽게 좋은 자리에 갈 수 있었다.

나는 정말 운 좋게도 구정(舊正) 대공세(Tet Offensive)[12] 직전에 박사 논문을 끝냈다. 평상시에 교수로 뽑히려면 여러 후보와 경쟁을 하고, 몇 번의 면접을 통과하고, '정실 인사'에 대한 의혹도 이겨내야 했지만, 나는 아무런 면접이나 경합 없이 단번에 조교수로 임용되었다.

코넬의 동남아시아 프로그램 교수들은 늘 학부 수업을 하라는 강한 압력을 받고 있었지만, 마음속으로는 늘 대학원이 중요하다고 생각했다. 교육 과정 자체는 별로 어렵지 않았다. 학생들은 매 학기 동남아시아의 언어 한 과목을 들어야 했고, 인도차이나나 인도네시아에 관심이 있으면 프랑스어나 네덜란드어를 배워야 했다. 학생들은 모두 최소한 두 과목의 소위 '국가 세미나'를 수강했는데, 3년 동안 동남아시아의 주요 국가들을 번

---

12 베트남전쟁 중이던 1968년 1월에서 2월 동안에 베트콩과 월맹이 베트남과 미군을 총공격한 사건. 5월, 8월에도 공격이 이어졌는데, 이 공격으로 군인 45,267명이 전사하고, 61,267명이 부상을 입고, 5,070명이 실종되었다. 민간인은 14,000명이 죽고, 24,000명이 부상을 입었다.

같아 공부하는 식이었다. 이 과목은 주로 두 교수가 가르쳤는데, 어떤 주제에 대해 강연할 외부 강사를 초빙하기도 하고, 학생들에게 버마의 역사, 정치, 사회, 경제, 인류학, 종교, 국제 관계, 그리고 어떤 경우에는 예술이나 음악 같은 주제에 대해 집중적으로 학제적 연구를 하도록 지도하기도 했다. 버마를 전공할 학생들은 '버마 연구'를 통해 그 나라에 대해 철저히 공부해야 했고, 다른 나라를 전공하는 학생들과 마찬가지로 비교 분석적으로 생각하도록 훈련받았다.

언어 과목과 국가 세미나 이외에도 학생들은 '비교 탈식민화', '동남아의 산악 부족들', '동남아의 농촌 개발', '동남아시아의 공산주의' 등 거의 언제나 상대주의적 또는 범(汎) 동남아적이라고 생각되는 여러 과목을 수강해야 했다. 동남아 연구의 특성상 불가피하게 동원된 이런 비교 분석적인 방식은 한 나라만 집중적으로 연구하는 유럽의 전통과 대조를 이루었다. 운 좋게도 나는 그런 방식을 경험했고, 이 체험은 나중에 동남아와 세계에 대한 나의 사고방식에 큰 영향을 끼쳤다.

동남아시아 프로그램의 마지막이자 다른 것에 비해 덜 체계적이었던 교육 방식은 바로 외국의 학자들을 초빙하는 것이었다. 그중 몇 사람은 한 학기, 심지어는 일 년 동안 가르치기도 했다. 하지만 대개는 교환 교수로 와 있거나, 매 주 한 번 교수와 학생들이 참여하는 점심시간의 '브라운 백' 모임에 강사로 초대되었다. 일본의 인도네시아 강점 말기에 그가 했던 활동으로 하나의 전설이 된 니시지마 시게타다 의 강연을 듣고 깊은 인상을 받았던 날이 기억난다. 젊은 시절 좌익 이념의 영향을 받은 그는 인도네시아 민족주의자들의 생각에 동조했었는데, 지금 카힌이 아는 그는 거대 정유회사의 에이전트로 일하고 있었기 때문에 기회주의자로 보였다. 브라운 백 모임에서 그는 엄청나게 빠른 인도네시아어로, 정체를 알 수 없는 사람이라는 소문에 어울리는 강연을 했다. 버마의 전 수상 우 누(U Nu), 캄보디아의 노로돔 시아누크(Norodom Sihanouk)의 방문 역시 그에 못지않게 인상적이었다.

자기 나라에서 흔히 권위적인 대학 전통을 경험한 유학생들은 교수와 학생들 간의 친근하고 민주적인 관계를 보며 놀라움과 기쁨을 감추지 못했다. 세미나에 참석한 학생들은 자신의 의견을 말하도록 격려 받았고, 논문에 자세한 코멘트를 받았으며, 자기 나라에서 교수의 연구를 돕느라 비공식적인 연구 조교로서 떠맡았던 일들을 여기서는 하지 않았다.

우리 때도 그랬지만 그 후에도 오랫동안 학생들은 다양한 배경을 갖고 있었다. 맨 처음, 즉 1950년대에는 동남아의 모든 나라가 학위 논문을 준비하는 대학원생들에게 열려 있었다. 하지만 그 후 버마가 문을 닫았고, 인도차이나의 여러 나라들도 오랫동안 닫혀 있었다. 인도네시아, 필리핀, 싱가포르에는 독재

정권이 들어섰고, 말레이시아에는 권위적인 정권이 들어섰는데, 이들은 1963년에 말레이인들을 부추겨 쿠알라룸푸르에서 반(反)중국 폭력사태를 일으키게 했다. 카힌은 특히 영특한 동남아시아 젊은이들을 만나고 싶어 했고, 이들 중 여러 명을 코넬로 데려올 방법을 찾았다.

그래서 1950년대 후반 우리 프로그램에는 버마, 필리핀, 베트남, 그리고 특히 인도네시아에서 온 학생들이 공부하고 있었다. 우리가 볼 때 이건 관심 있는 나라에 대해 직접 배울 절호의 기회였을 뿐 아니라, 친구를 사귀거나 지금껏 갖고 있던 편견을 재고할 계기가 되기도 했다. 코넬이 워낙 작은 도시에 있다 보니 학생들은 서로 강의실이나 도서관 말고도 상점, 술집, 식당, 시내 공원에서 늘 마주쳤고, 우리 중 상당수가 동남아 학생들과 같은 집에 살거나 요리를 배우기도 했다.

동남아시아 프로그램이 이렇게 새롭고 유명한 데다 돈까지 많으니 영국, 호주, 프랑스, 일본, 네덜란드, 캐나다, 스위스 등 동남아시아 이외의 지역에서도 많은 학생이 몰려왔다. 그래서 학과는 아주 국제적인 분위기였다.

마지막으로, 카힌이 주로 데려온 집단이 있었다. 그는 미국의 외교 정책을 아주 신랄하고 논리적으로 비판했고, 정부가 그렇게 어리석고 폭력적인 정책을 쓰는 것은 무지 때문이라고 보았기 때문에, 우리 프로그램이 공무원들을 교육시켜야 한다고 생각했다. 당시 카힌은 정부에 아는 사람이 많았기 때문에 국무성과 국방성에 나중에 동남아에서 근무할 유망한 공무원과 장교들을 1~2년씩 코넬로 보내서 일반 대학원생들과 같이 공부하게 해달라고 요청했다. 내가 볼 때 이 젊은이들은 코넬에서 많은 것을 배웠겠지만 카힌이 바란 만큼 영향을 받은 것 같지는 않다. 시간이 흐르면서, 특히 베트남전쟁 중에는 이들의 숫자가 확 줄어들더니 나중에는 거의 완전히 사라졌다.

코넬을 졸업하고 오랜 세월이 흘러도 당시 학생들이 서로 강한 연대감을 유지한 것은 이렇게 다양한 학생들이 매일 끊임없이 마주치며 생활했기 때문일 것이다. 오늘날 '코넬 마피아'의 전설이 살아 있는 것도, 미국 학생이 절대 다수를 차지하는 다른 대학의 동남아 프로그램에 비해 코넬이 그처럼 특이한 것도 바로 이 때문이다.

내가 코넬에서 겪은 일들을 토대로 미국 내 동남아 프로그램의 심각한 문제점을 두 가지 거론하고 싶다. 첫째, 가장 다채롭고 뛰어난 교수진, 단연 가장 많은 자료를 갖춘 도서관, 가장 다양한 어학 강좌를 갖춘 코넬의 동남아시아 프로그램은 미국 최고라는 평판을 얻었다. 둘째, 1960년대에 다른 대학들도 비슷한 프로그램을 개설했지만 그들 상당수가 고용한 젊은 교수들은 코넬 출신이었다. 그렇다면 코넬이 지닌 문제들이 나중에 생긴 다른 프로그램들에도 그대로 존재했을 거라고 생각할 수 있다.

그중 하나가 바로 전공 간의 심각한 불균형이다. 요즘도 몇 명의 뛰어난 인구통계학자를 빼면 동남아 사회학자는 찾아보기 힘들다. 현대 동남아 연구는 정치학과 인류학이라는 두 개의 기둥을 기반으로 하고 있다. 그런데 이 두 분야는 지적으로나 방법론적으로 공통점이 거의 없고, 오랫동안 각국의 정치 지도자나 시골 마을, 작은 소수 민족 연구에 집중했고 나머지 분야에 대해서는 거의 모르는 상태였다. 물론 뛰어난 중국학자 겸 사회학자인 G. 윌리엄 스키너[13] 같은 예외도 있었다. 마오쩌둥의 중국에 들어갈 수 없고, 대만에는 관심이 없는 상황에서 스키너는 샴과 인도네시아에 있는 화교 공동체들을 연구했고, 그가 남긴 책들은 반백년이 지난 지금도 그 가치를 인정받고 있다. 이처럼 어떤 분야만 집중적으로 연구된 것은 코넬의 동남아 프로그램보다는 미국 사회학 전체의 문제다. 미국의 사회학자들은 주로 자기 나라에 관심이 있었고, 수십 년 동안 믿을 만한 통계 자료를 얻기 어려운 나라에서는 사용하기 힘든 통계학적 방법에 의존했기 때문이다.

두 번째로 중요한 불균형은 바로 사회과학과 인문학 사이에 존재했다. 이 불균형의 중요한 배경이 된 요소는 바로 배타적인

---

[13] 윌리엄 스키너(G. William Skinner, 1925~2008): 중국, 동남아, 특히 인도네시아, 태국 등에 거주하는 화교들을 연구한 인류학자. 코넬, 컬럼비아, 스탠포드, UC 데이비스 등에서 교편을 잡았음.

공동체를 내포하는 '동남아시아'라는 개념 자체였다. 하지만 실체는 찾기 어려웠다. 회교, 불교, 가톨릭, 유교도들이 사는 8개의 서로 다른 대규모 공동체들; 16세기에는 스페인, 17세기에는 네덜란드, 19세기에는 프랑스와 영국, 20세기에는 미국에 의해 식민 지배를 받은 나라들과 영국이 반(半)식민지배한 샴; 사용자들이 서로 이해하지 못하는 버마어, 몬어(Mon)[14], 타이어, 크메르어, 베트남어, 타갈로그어, 말레이어, 자바어, 옛 자바어, 산스크리트어, 아랍어, 그리고 다른 몇 개의 언어로 된 뛰어난 문학작품들이 모두 그 안에 들어 있었기 때문이다. 동아시아의 경우는 전혀 달랐다. 거기는 도덕관, 종교관, 문학 장르를 상당 부분 공유하는 딱 세 나라가 들어 있다. 남아시아 역시 마찬가지다. 간혹 싸우기도 했지만 오랫동안 종교적, 경제적, 문학적으로 관계를 이어 왔고, 같은 제국들의 식민 지배를 받은 네 나라가 들어 있었기 때문이다.

학계에 '동남아시아'라는 명칭이 없었다면 천 년 동안 중국과 관계를 이어 온 베트남은 동아시아 연구에 포함되었을 것이고, 동남아시아 서부 국가들의 고유문화는 (산스크리트와 팔리어를 통해) 인도 남부와 스리랑카의 영향을 많이 받았기 때문에 남아시아 연구에 포함되었을 수 있다. 그리고 필리핀은 라틴 아

---

14 몬어(Mon)는 버마와 태국 일부에 존재하는 오스트로아시아(Austroasia)어족의 언어.

메리카 연구에 들어갈 수도 있었다.

거의 모든 동남아 국가에서 화교들이 지닌 중요성 때문에 코넬대 동남아시아 프로그램의 학생들은 중국학을 부전공하도록 지도받았지만, 실제로 중국어를 깊이 공부하는 학생들은 거의 없었다. 중동은 물론 스리랑카나 인도를 공부하는 학생도 별로 없었다. 우리 대학의 동남아시아 프로그램에서 아랍어나 힌디어를 진지하게 공부하는 학생은 한 명도 없었던 것 같다.

'동남아시아'가 그토록 이질적이다 보니 아무리 영특한 학생이라도 고전 문학이나 고전 음악, 고전 조형 예술을 전공하기가 쉽지 않았다. 위대한 현대 작곡가 드뷔시가 자바의 가믈란(gamelan) 합주를 좋아했고 후기 작품에서 그 일부를 차용했다는 사실이 드러나자 이 음악이 널리 알려지게 되었다. 그래서 1970년대에는 자바의 연주자들에게 사사한 재능 있는 미국 학생들이 코넬 등 몇몇 대학 음악과에 자리를 잡기도 했다. 하지만 샴, 베트남, 버마의 음악은 그런 대접을 받지 못했다. 고전문학을 공부하려면 산스크리트어나 고전 중국어를 잘 알아야 하는데, 그런 재능을 가진 학생들은 대개 미국이 아니라 인도나 중국에서 공부하고 싶어 했다. 아주 최근까지 동남아시아의 미술사를 가르치는 학과는 (몇 군데 있지도 않았지만) 인도네시아, 샴, 베트남 미술에 집중했다.

그런데 지난 15년 동안 상황이 상당히 바뀌었다. 이제 고전에 대해서는 거의 관심이 없고, 특별한 종류의 현대 문화, 주로 팝 뮤직, 영화와 글, 영어로 번역된 글 등 미국의 대중문화를 통해 소개된 것들이 인기를 끌고 있다. 덕분에 (영어로) '동남아시아의 영화', '동남아시아의 대중문화', '동남아시아의 소설', '동남아시아의 현대 미술' 등 아주 새로운 과목들을 가르칠 수 있게 되었다. 그 대신 고전문화에 대한 지식은 많이 사라지고 있다.

역사도 마찬가지다. 코넬에서 동남아시아의 역사는 오랫동안 영국의 동양학자 올리버 월터스(Oliver Wolters)가 이끄는 고대(식민화 이전) 역사와 현대사로 양분되어 있었다. 그런데 이제 고대사와 현대사가 아니라 본토사와 섬들의 현대사로 나누어지고 있는 형편이다. 같은 패턴이 미국 내 동남아시아 프로그램의 다른 영역에서도 광범위하게 나타나고 있다. 이것은 아마 미국인이 볼 때 무엇이 현대적이고, 새롭고, 대중적이고, 접근 가능한가에 따라 연구 분야가 정해지기 때문일 것이다. 이런 기준으로 보면 발리의 불길 걷기(fire-walk) 의식은 이해하기 힘들지만 쿠알라룸푸르의 오토바이 폭주족은 이해할 수 있을 것이다. 그렇게 해서 발리의 불길 걷기 의식은 학문적 연구 대상에서 제외되는 것이다.

두 번째 문제는 오래 전에 은퇴한 노인인 나 자신의 입장과 연관이 있다. 그것은 바로 학자들이 식민지 시대 후기처럼 한 분야만을 집중적으로 연구한다는 것이다.

1950년대와 1960년대 동남아시아 연구의 크나큰 매력은 바로 완전히 새로운 분야처럼 느껴져서 학생들은 미지의 사회나 지역을 탐험하는 모험가 같은 느낌에 빠졌다는 것이다. 필리핀에 대한 간단한 소개와 제2차 세계대전 때 거기서 벌어진 전투 얘기 말고는 미국의 고등학교 교재에 동남아시아는 거의 등장하지 않았다. 이 때는 또 식민지들이 해방을 맞고 세계적으로 유명한 수카르노[15], 우 누[16], 호치민[17] 같은 지도자가 이끄는 새로운 국가들이 등장하는 시기였기 때문에 학생들이 자기가 전공하는 나라의 민족주의에 적극 동조하는 것은 어찌 보면 당연한 일이었다. 여기에는 언어도 일조했다. 인도네시아, 샴, 베트남

---

15 아크메드 수카르노(Achmed Sukarno, 1901~70): 인도네시아의 정치가. 대학 시절 급진적인 학생 클럽을 만들었다가 1927년 인도네시아 국민당을 조직하여 민족 독립 운동에 참가. 1933년 네덜란드 군에 체포되어 10년간 유형 생활. 1942년 일본군에 의해 석방됨. 일본군의 묵인 하에 네덜란드로부터의 독립을 선언하고(1945), 1946~49년 네덜란드 군과 싸웠으며, 헤이그 협정 후 네덜란드로부터 주권을 인수하여 초대 대통령이 되고 교도(敎導) 민주주의를 제창. 1963년에는 국민협의회에 의하여 종신(終身) 국가 원수로 지명됨. 1965년 군부 쿠데타 이후 실권이 약화되었고, 1966년 종신 국가 원수의 자격을 박탈당함.

16 우 누(U Nu, 1907~95): 미얀마의 정치가. 아웅산과 함께 반영(反英) 독립운동에 참가. 제2차 세계대전 중에 친일정권의 외무장관, 정보장관을 역임. 전후에는 반(反)파시스트 인민자유연맹의 부총재·제헌의회 의장을 지냈고, 1947년 아웅산 암살 후 연맹의 총재로 취임. 실각 후에는 반체제운동을 벌이다 승려가 됨.

은 주요 국가 중 영어와/나 프랑스어를 통해서는 제대로 연구하기 어려운 유일한 나라였다. 인도네시아를 연구하는 나와 내 친구들은 서구인 최초로 인도네시아어를 능숙하게 구사한다는 사실에 엄청난 긍지를 느꼈고, 타이어를 하는 동창들도 마찬가지였다. 그 나라 말을 구사할 수 있다는 사실 때문에 우리가 연구하는 나라에 대해 더 큰 애정을 느꼈던 것이다. 버마나 말레이시아 전공자는 영어, 필리핀 전공자는 미국 영어, 베트남 전공자는 프랑스어와 영어만 알아도 공부할 수 있었다. 타갈로그어나 베트남어, 크메르어, 버마어를 능숙하게 구사하는 젊은이들이 등장한 것은 그보다 훨씬 나중의 일이었다.

우리가 연구하는 나라에 대한 애정은 우리도 모르는 사이 정치적 태도에도 영향을 주었다. 우리 프로그램에 온 인도네시아 학생들은 정도는 달랐지만 대개 좌익이었다. 그게 혁명 후 수카르노 치하 인도네시아의 분위기였기 때문이다. (아니면, 인도네

---

17 호치민(Ho Chi Minh, 1890~1969): 베트남의 혁명가, 정치가. 1911년 프랑스로 떠나, 영국, 뉴욕 등에서 일하다가 1919년 파리에 정착, 식민지 해방운동 시작. 1924년 모스크바의 코민테른 대회에 출석. 1930년 코민테른이 준 권한으로 인도차이나 공산당 창립. 중국에서 활동하다가 1941년 베트남에 잠입. 1945년 베트남민주공화국의 독립을 선포하고 정부 주석으로 취임. 1954년 베트남은 프랑스와의 전쟁에서 승리했지만 제네바회담에서 17도 선을 경계로 남북으로 나뉨. 1964년 통킹만 사건으로 미국과 북베트남 전쟁 시작. 호치민은 베트남전쟁 중인 1969년 심장병으로 사망. 1975년 4월 종전.

시아가 좌익이라서 우리가 끌렸던 것일까?) 반면에 타이에 가는 학생들은 훨씬 더 보수적이었다. 그 나라에서는 보수적이고 군대의 힘을 업은 군주제가 '대세'였기 때문이다. 이 차이는 베트남전쟁이 한창이던 시기에 심각한 결과를 낳았다. 인도네시아나 베트남을 연구하는 이들은 거의 다 전쟁에 심하게 반대했고, 타이를 연구하는 이들은 초기에는 전쟁에 찬성했기 때문이다. 교수들 사이에서도 점차 입장 차이가 커져서 몇 년 후에는 학과 전체의 분위기에 심각한 영향을 끼쳤다. 이처럼 자신이 연구하는 나라('내 나라')에 대해 애정이 커지다 보니 언어 문제를 떠나서라도 심리적으로 다른 나라를 연구하기가 정말 어려웠다.

그렇게 보면 1972년에 나를 추방하고 1998년 그가 실권한 후에야 인도네시아에 돌아갈 수 있게 만든 독재자 수하르토 장군이 고마운 면도 있다. 그 나라에 들어갈 수 없기 때문에 나는 하는 수 없이 전공을 바꿔 1974년부터 1986년까지는 타이를 연구하고, 1988년부터 지금까지는 필리핀을 연구했기 때문이다. 그러니 내가 '한 나라만' 연구하는 시각에서 벗어난 것은 그 사람 덕분인 셈이다. 그때 내가 추방되지 않았으면 『상상의 공동체 *Imagined Communities*』를 썼을 것 같지 않다. 하지만 나는 아주 최근까지도 유례를 찾아보기 힘든 아주 특이한 경우다. 예일대의 제임스 스콧(James Scott)도 비슷하다. 그 역시 버마 군부가 그 나라에 관심을 가진 모든 외국 학자를 출입 금지시킨 덕분에 대신 말레이시아를 연구했다.

1960년대에는 여러 대학에 비슷한 학과들이 생겨서 코넬과 예일의 동남아시아 프로그램이 더 이상 특이하지 않았지만, 미국 국내·외의 여러 대학에 교수가 된 동문이 많았기 때문에 두 학교의 영향력은 여전히 막강했다. 시간이 흐르면서 버클리, 로스앤젤레스, 시애틀, 호놀룰루[18], 매디슨[19], 앤아버[20]에 비슷한 프로그램들이 생겼다. 코넬에서 공부한 나가즈미 아키라(永積昭), 고토 겐이치(後藤乾一), 가토 쓰요시(加藤剛), 시라이시 아이코(白石愛子), 시라이시 다카시(白石隆) 같은 일본 학생들이 동남아시아, 특히 인도네시아에 대한 일본 내의 연구를 되살리고 변화시키는 데 크게 기여했다. 미국에 유학 와서 고(故) 허버트 파이스(Herbert Feith)의 지도를 받은 제자들은 코넬 프로그램과 비슷한 프로그램을 만들었고, 1970년대 후반에서 1980년대 사이에 미국에서 여러 명의 학자가 들어오면서 프로그램이 한층 더 강화되었다(이 일에 대해서는 나중에 더 설명하겠다). 런던의 유명한 동양·아프리카 연구소는 식민지 시대의 구태를 떨쳐버리고 예전 영국 식민지 이외의 지역으로 연구 범위를 확대했다. 이 과정에서 결정적인 역할을 한 사람이 내 선배인 루스 맥베이(Ruth

---

18 하와이 대학교(University of Hawaii).

19 위스콘신 대학교(University of Wisconsin).

20 미시간 대학교(University of Michigan).

McVey)였다. 프랑스, 네덜란드, 독일, 스칸디나비아에서도 비슷한 일이 일어났다. 이는 즉 '동남아시아 연구'가 각기 다른 전통과 전문 분야가 생기긴 했지만 점차 국제화되었다는 뜻이다. 거의 모든 지역에서 이 분야를 전공하는 여학생과 여교수의 비율도 획기적으로 늘어났다.

강대국인 미국의 입지, 야망, 편견 때문에 미국에서의 동남아시아 연구는 다른 어떤 나라에서보다 더 극적으로 전개되었다. 1940년대 말 1950년대 초에 동남아시아 연구가 먼저 시작된 이유는 이 지역이 중국과 인접해 있었기 때문이다. 중국에서는 1949년 말 마오쩌둥이 권력을 잡고 서구 세력을 완전히 몰아냈다. 그런데 같은 시기에 세계에서 거의 유일하게 동남아의 거의 모든 국가에서 강력하고 거의 대부분의 경우에 군사력을 갖춘 공산당이 급부상하고 있었다. 이 지역에서만 이런 일이 일어난 것은 틀림없이 기간은 짧지만 중요한 '일제 강점기' 때문이었을 것이다. 일본은 이 지역을 통치하고 있던 모든 식민 세력을 제압하고, '백인' 식민주의자들을 모욕하고 투옥시키면서 아시아와의 동질감을 강요했다. 일본은 또 이 지역 주민들을 일본군의 전쟁 노력에 동원했을 뿐 아니라, 현지에 있던 군대에게 무기를 지급하고 훈련시켰으며, 그 전에 존재하던 경제 구조를 파괴해 버렸다. 그런데 일본이 그토록 잔혹하게 주민들을 억압하고 착취를 일삼다 보니 현지인들은 점차 일본에 맞서 싸우게 되고 좌경화되기 시작했다. 히로시마와 나가사키에 원자탄이 투하되고 일본이 갑자기 패망하자 동남아시아 전역에 권력 공백이 발생했고, 일본 군대에 부역하지 않았던 좌익들이 힘을 잡게 되었다. 지구상에서 이런 경험을 한 곳은 동남아시아뿐이다.

　미국은 이런 현상을 막기 위해 적극적인 노력을 경주했다. 동남아시아조약기구(SEATO)를 설립하고, 버마, 인도차이나, 인도네시아, 필리핀, 심지어는 샴의 상황에도 직·간접적으로 개입했다. 동남아시아에 대한 미국 정부의 불안감은 1960년대에 베트남전쟁이 본격화되고 나중에 라오스와 캄보디아까지 번지면서 급속히 커졌다. 대부분의 동남아시아 연구자들이 반대했던 이 전쟁 때문에 미국 전역에 많은 기금을 갖춘 동남아시아 프로그램들이 생겨난 것은 아이러니한 일이다. 하지만 1975~76년에 미군이 패하고 나자 다들 질린 나머지 동남아에 대해서는 생각하기조차 싫어했고, 정부와 기업에서 주는 돈도 줄어들었다. 1970년대 말에서 1980년대 초에 동남아 지역 연구로 박사학위를 받은 우수한 학생들은 안타깝게도 미국 대학에 취직하기가 정말 어려웠다. 그래서 상당수가 호주, 영국, 뉴질랜드, 캐나다에 자리를 잡았고, 일부 학생들은 정부나 외교부, 유엔 산하 기구, 대기업, 심지어 CIA에 들어가기도 했다. 게다가 이제 베트남, 라오스, 캄보디아는 물론 버마까지도 미국 연구자들의 입국을 막았다. 그 결과 동남아시아 프로그램의 입학생 수가 줄어들고, 석·박사 과정에 들어오는 학생들도 연구보다는 의학, 개발 지원 등 전문가가 될 훈련을 받고 싶어 했다. 동남아시아 프로그램이 이전의 위상을 되찾은 것은 1980년대 말, 동남아시아가—잠시, 그것도 몇 나라에서만—(일본, 한국, 대만에 이어) 최근에 산업화된 신흥 강국으로 부상했을 때였다. 당시 정치학 분야에서는 '정치경제학'이 가장 인기를 끌었다.

다른 지역 연구에 비해 동남아시아 연구는 생긴 지 얼마 안 됐기 때문에 심각한 구조적 문제를 안고 있었고, 이 문제는 최근에 와서야 해결되었다. 1980년대에 제1세대 연구자들이 은퇴하자 많은 대학이 그 자리를 채우는 게 아니라 다른 분야나 전공에 교수를 뽑았다. 더 중요한 사실은, 대부분의 동남아시아 전문가들이 베트남전쟁과 대호황 당시 아주 젊은 나이에 대학원에 들어왔다는 것이다. 그리고 이들 대부분이 20세기 말에야 은퇴하기 시작했다. 그 결과 일종의 '길 잃은 세대(lost generation)'가 생겨났는데, 이 분야에서는 특이하게도 꼭대기에 가장 많은 사람이 몰려 있는 역삼각형 구조 때문에 (오래 전에 생기고, 그래서 취업과 은퇴가 제때 이루어진 분야라면 쉽게 교수가 되었을) 우수한 젊은이들이 교수가 되지 못했던 것이다. 그 결과 1990년대 초에는 나이 많고 탁월한 노교수와 뛰어난 신진 교수들이 있고 그 사이에는 극소수의 교수만이 존재하는 그런 학과들이 아주 많았다.

~ ~ ~

이 장에서 나는 주로 코넬대의 동남아시아 프로그램 개설과 관련해 세계의 정치·경제적 변화, 큰 기관과 조직들, 교육 정책 등을 다루었다. 첫 장과, 주로 동남아 여러 지역에서 수행한 나의 현장 연구를 다룰 다음 장을 이어 줄 일종의 다리로서 내 개인적인 추억을 몇 가지 얘기하고 싶다.

코넬에 처음 왔을 때는 정말 당혹스러웠다. 코넬 정부학과에서 나는─전혀 아는 게 없는─비교정치학, 미국 정치학 (미국은 비교의 대상이 될 수 없다는 건가!), 정치 이론 같은 과목을 수강하는 학생들을 도우면서 동시에 이런 분야의 대학원 수업을 들어야 했다. 당시 나는 겨우 스물한 살에 아는 것도 별로 없고 동남아 언어는 전혀 모르는 완전 '초짜'였다. 하지만 학생들 간의 유대감은 아주 강했다. 과 선배들은 친형이나 누나처럼 나를 끈기 있게 가르치고, 지도하고, 놀리기도 하고, 기도 살려 주었다. 우리는 교실이든 도서관이든 술집이든 늘 함께 있었다. 지금 생각해 보면 그때 나는 교수들 못지않게 다른 학생들한테서 많은 걸 배운 것 같다. 교수들은 대개 강의실이나 연구실에서만 만났기 때문이다. 교수들은 정말 친절했지만 아주 바빴기 때문에 그분들의 시간을 빼앗고 싶지 않았다.

동남아시아 프로그램은 여러 가지로 참 특이했다. 카힌이 잘

아는 총장에게 부탁해 안 쓰는 남학생 사교클럽 하우스 한 채를 코넬 현대 인도네시아 프로젝트 사무실로 쓸 수 있게 했기 때문이다. 카힌은 학생 몇 명을 시켜 처진 마룻바닥을 쇠기둥으로 받치고, 아래층 사무실을 자기가 썼다. 그리고 건물의 나머지 부분은 인도네시아 학생이든 아니든 프로그램의 고학년 학생들에게 내주었다. 점심시간에 하는 '브라운 백' 세미나도 이 건물에서 진행되었다. 이 낡아빠진 건물이 바로 그 유명한 '웨스트 애비뉴 102번지'로, 어찌됐든 1980년대까지 버티다가 나중에 그 헐린 자리에 주차장이 들어섰다. 그래서 우리는 우리 학과만의 빌딩을 갖게 되었고, 이는 사회적, 심리적으로 아주 중요했다.

내가 들어오기 전 카힌은 기존 대학원생들을 데리고 『동남아시아의 정부와 정치 *Governments and Politics of Southeast Asia*』라는 책을 만들고 있었는데, 그런 종류로서는 최초의 작품이었다. 그래서 나는 '어린 앤더슨'이라는 애칭으로 불리면서 건물 안 여기저기서 이야기도 나누고, 선배들과 매일 어울려 지냈는데, 그중 몇 사람은 베트남, 버마, 필리핀, 인도네시아 같은 데서 돌아온 지 얼마 안 됐기 때문에 놀라운 사연이 많았고, 누구에게든 들려주고 싶어 했다. 하지만 그 건물 안에서 핵심 그룹은 허버트 파이스, 존 스메일(John Smail), 루스 맥베이, 그리고 당시 나이도 지긋하고 정말 지혜롭고 친절하고 상냥한 족자카르타 왕의 비서 슬로 소

마르젠(Selo Soemardjand) 등 인도네시아 연구자들이었다. 그중 루스 맥베이가 특히 눈에 띄었는데, 그 분은 아주 지적이고 박식하기도 했지만—그 전에는 소비에트를 연구했고 러시아어에도 능통했다—여성이라는 점도 작용했다. 그 당시 동남아시아 프로그램 구성원의 90%는 남자였다. 그리고 프로그램 안의 모든 사람이 '어린 앤더슨'을 정말 친절하게 대해 주었다.

그 당시 대학원 공부의 한 측면은 오늘날 상상하기도 힘들 것이다. 그때는 동남아시아를 다룬 제대로 된 영어 자료가 별로 없었다. (나는 인도네시아에 가서야 네덜란드어를 배우기 시작했다.) 물론 앞에서 말한 카힌의 명저와 브렌다의 책도 나와 있었고, 1960년에는 클리포드 기어츠(Clifford Geertz)의 걸작 『자바의 종교*The Religion of Java*』가 출간되었으며 그의 논문들도 구할 수 있었다. 카힌과 브렌다는 자바에 별 관심이 없었고, 그 나라 언어도 전혀 몰랐다. 그런데 기어츠의 책을 통해 나는 본격적으로 '문화', 자바 문화에 눈을 떴고, 이는 내가 받아 온 '유럽적인 문화 교육'과 연결되었다. 샴과 인도네시아에 거주하는 화교들을 다룬 빌 스키너(Bill Skinner)의 책도 있었다. 하지만 해방 후의 버마, 말레이시아, 베트남, 캄보디아를 다룬 수준 높은 책은 거의 없었고, 논문 몇 편이 전부였다. 그래서 예컨대 인도네시아의 정치에 대해 연구하고 싶어도 영어로 된 자료는 몇 편 안됐다. 그 결과 우리는 마치 인류학자처럼 호기심, 관찰, 일상적인 대화를 통해서 미지의 문화를 공부해야 했다. 내가 평생 인류학 책들을 읽고 거기서 큰 영향을 받은 것도 그 때문일 것이다.

당시 나는 존 에콜스의 강의와 두 명의 인도네시아 학생을 통해 신나게 인도네시아어를 배우고 있었다. '나의 유럽'에는 없는 문법과 소리를 지닌 아시아의 언어를 배운다는 것은 정말 행복한 일이었다! 하지만 3년 동안 학교에서 어학 강의를 듣는 것보다 반 년 동안 그 나라에 가서 매일 그 언어를 접하는 게 훨씬 더 낫다는 것을 그때는 알지 못했다.

1961년 초, 카힌이 논문 계획서를 내라고 해서 주저하는 기미를 보이자 일제의 자바 점령이 인도네시아의 사회와 정치에 미친 영향을 연구하면 어떠냐고 물었다. 무슨 말인지 알 것 같았다. 그의 『민족주의와 혁명』에서 유일하게 약한 장(章)이 일제 강점기 부분인데, 그가 박사 논문을 쓸 때는 그 시기를 다룬 자료가 거의 없어서 주로 면담을 통해 정보를 수집했기 때문이었다. 그래서 그것도 괜찮겠다 싶었다. 일제 강점기가 겨우 3년 반이었으니 그다지 어려울 것 같지 않았다! 게다가 나는 10대 때부터 (피상적으로) 일본에 관심이 많았다. 어머니와 나는 이 주제에 대해 티격태격 하곤 했다. 어머니는 중국을 좋아하고 일본을 싫어했는데, 『겐지 이야기』에 홀딱 반해 있던 나는 중국보다 일본이 더 흥미롭다고 우기곤 했던 것이다.

제3장

현장 연구

대부분의 학자에게 맨 처음 현장 연구는 결정적인 영향을 미친다. 그때 느낀 엄청난 충격, 이질감, 흥분을 살면서 다시 경험하기는 어렵기 때문이다. 나중에 나는 몇 년씩 (내가 좋아하고 흥미를 느낀) 태국과 필리핀에서 현장 연구를 했지만, 내 첫사랑은 역시 인도네시아였다. 타이어와 타갈로그어도 읽고 말할 수 있지만, 인도네시아어야말로 내 제2외국어고, 내가 정말 즐거운 마음으로 유창하게 쓸 수 있는 유일한 외국어다. 지금도 가끔 인도네시아어로 꿈을 꾸곤 한다.

나는 1961년 12월 말에 자카르타에 갔다가 1964년 4월에 떠났다. 밤중에 공항에 내렸는데 우기가 시작된 뒤였다. 그 날 시내로 들어가는 모든 택시에 유리창이 열려 있던 것이 생생히 기억난다. 제일 먼저 느낀 건 냄새였다. 싱싱한 나무와 관목들, 소변, 향, 뿌옇게 흐려진 석유등, 쓰레기, 그리고 대로변에 늘어선 작은 포장마차에서 풍기는 음식 냄새가 대단했다.

과 선배인 댄 레브(Dan Lev)가 코넬로 돌아가기 전 대법원 판사의 미망인 집에서 하숙할 수 있도록 주선해 주었다. 그 분은 나를 반갑게 맞아 주었고 정말 친절하게 대해 주었다. 그녀는 국민적 영웅인 디포네고로 왕(Diponegoro)의 이름을 딴 '부자 거리' 끝에 있는 크고 안락한 집에 살고 있었다. 그 집에는 장성한 자녀 둘, 요리사, 하녀, 그리고 정원사 겸 사환 노릇을 하는 소년이 있었다.

　디포네고로 왕의 이야기는 19세기 초로 거슬러 올라간다. 나폴레옹이 네덜란드를 프랑스에 병합하자 영국은 네덜란드령 동인도를 점령했고, 동인도회사의 에이전트인 스탬퍼드 래플스(Stamford Raffles)가 1811년부터 1816년까지 자바를 통치한다. 나폴레옹 전쟁이 끝나자 영국은 케이프와 실론에 있는 네덜란드 점령지를 차지한 대가로 자바를 돌려준다. 대륙 봉쇄(Continental System)[1] 때문에 재정적으로 파탄이 난 네덜란드 정부는 동인도에 대해 지배권을 행사할 여력이 별로 없었다. 작은 족자카르타 왕국의 디포네고로 왕은 이런 상황을 이용해 대규

1　프랑스 제국 및 그 동맹국의 지배자였던 나폴레옹 1세가 1806년 11월 21일 베를린에서 발표한 칙령으로, 영국을 봉쇄한 뒤 프랑스와 통상(通商)하도록 한 경제 봉쇄령. 프랑스에 종속됐던 유럽의 여러 나라 및 북유럽은 강제로 대륙 봉쇄에 참여했는데, 풍부한 경제력을 가진 영국과 통상무역을 할 수 없게 되자 경제적 어려움을 겪게 됨.

모 군대를 조직해 1825년부터 1830년까지 네덜란드에 대항해 싸웠다. 그런데 네덜란드군에 패해 국외로 유배당한 왕은 '자바를 정복하는 것이 목표'였다고 썼다. 오늘날 자바인들은 이 사실을 잘 모르고 있다.

자카르타에 도착한 다음날, 인도네시아 사람이면 누구나 아는 고(故) 옹 혹 햄(Ong Hok Ham)이 나를 찾아왔다. 당시 그는 아직 인도네시아 대학교 사학과에 재학 중이었지만 그 전에 스키너의 연주 조교로 일한 적이 있었다. 그 날 그는 라와망군(Rawamangun)에 있는 인도네시아 대학교의 구 캠퍼스 남자기숙사에 가서 세 학생과 같이 놀자고 했다. 내가 인도네시아어를 꽤 안다는 환상은 그 날 바로 깨끗이 사라졌다. 하지만 그 친구들도 영어를 거의 못했기 때문에 우리는 서로의 말을 이해하려고 무진 애를 썼다. 옹이 그들에게 나는 미국 대학에서 공부하고 있지만 실은 아일랜드 사람이라는 말을 해 둔 게 큰 도움이 되었다. 그들은 아일랜드의 독립 투쟁에 대해 알고 있었고, 당시 인도네시아 민족주의자들이 대개 그렇듯이 이들도 미국인들을 의심의 눈길로 바라보았기 때문이다.

그 날 이들은 간단하면서도 맛있는 저녁을 차려 주었는데, 타이 칠리에 대해서는 일부러 아무 말 하지 않았다. 녹색 또는 주황색인 이 고추는 먹으면 혀가 타들어가는 느낌이었다. 이들은 내가 그렇게 매운데도 꾹 참고 고추를 삼키는 걸 보고 놀라는 눈치였다. 다시 장대비가 쏟아지기 시작했다. 옹은 하숙집으로 돌아갈 수도 없고 전화도 없으니 그냥 이 친구들 기숙사에서 자고 가자고 했다. 그들은 작은 수건과 사롱을 주고, 인도네시아식 화장실 사용법을 알려 주었다. 난생 처음 입어 본 사롱은 정말 편했고, 그렇게 모기가 많은데도 그 날 나는 단잠을 잤다.

다음날 아침 하숙집 아주머니에게 온 지 이틀 만에 안 됐는데 연락도 없이 자고 들어와서 정말 미안하다고 사과하자 그 분은 그럴 필요 없다고 했다. 장마 때는 그렇게 발이 묶이기 일쑤고, 남학생들은 으레 그런 거 아니냐는 식이었다. 나로서는 처음 맛보는 '문화 충격'이었다. 유럽의 기준으로 볼 때는 무례한 행동이었는데, 이 분은 그렇게 생각지 않았던 것이다. 나중에 보니 인도네시아에서 혼전의 남자와 여자는 전혀 다른 취급을 받았다. 남자들은 뭐든 맘대로 하는데, 여자들은 대부분의 시간을 집에서 보내며 늘 감시와 보호 속에 살고 있었다.

그 다음 충격은 이와 전혀 다르고 아주 즐거운 경험이었다. 하숙집 맞은편에 잡초, 잔디, 흙으로 뒤덮인 세모난 공터가 있었는데, 오후가 되면 여덟 살에서 열두 살쯤 되는 꼬마들이 거기 모여 축구를 했다. 그런데 처음에 동전을 던져서 진 쪽은 진지한 표정으로 바지를 벗었다(속옷은 없다). 그게 양 편을 구분하는 방법이었다. 물론 골대도 없었는데, 아직 잘 걷지도 못하고 기어 다니는 어린 동생들을 데리고 와서 그들을 움직이는 골대로 삼고 조심해서 골을 넣었다.

이를 통해 평범한 인도네시아 아이들의 생활에 대해 두 가지를 알게 되었다. 첫째, 인도네시아 소년들은 사춘기가 되기 전에는 알몸으로 다니는 경우가 많았다. 이건 아일랜드나 미국에서는 생각할 수도 없는 일이었다. 두 번째는 형제들 간의 우애였다. 인도네시아 아이들은 아주 어릴 때부터 동생을 돌보고 형이나 누나들의 말을 따르고 존중한다. 하숙집 아주머니는 이 관습을 이렇게 설명했다. 형이나 누나는 동생에게 져 주고, 동생이 원하는 걸 주고 아끼고 보호해 줘야 한다. 동생은 형이나 누나의 말을 따라야 한다. 얼핏 보면 모순된 것 같은데, 실제로는 정말 좋은 제도였다. 우리 형제들과 달리 인도네시아에서는 한 집안 아이들끼리 싸우는 걸 본 적이 거의 없다. 옥스퍼드에 가기 전까지 로리와 나는 늘 티격태격했고, 어머니는 이를 못마땅해 했다.

세 번째 충격은 정신병 환자들과의 조우였다. 어느 날 붐비는 시장을 지나가고 있는데 꼬마들이 누군가를 둘러싸고 소리를 지르며 낄낄대고 있었다. 산발한 긴 머리, 더러운 몸에 실오라기 하나 걸치지 않은 아가씨가 서 있었다. 시장 사람들은 대부분 신경도 안 썼지만 기분이 나면 먹을 것을 조금 주기도 했다. 한 상인에게 그녀가 누군지 묻자, "불쌍한 것! 누군가에게 실연을 당하고 저렇게 정신이 나간 거예요. 제 부모들이 옷을 입히려고 아무리 애써도 금방 벗어버리고 말아요." 했다. 그 후 그 아가씨처럼 더럽고 발가벗은 남자들도 보았는데 사람들은 그 비슷한 말을 하곤 했다. 그런데 생각해 보니 오랜 세월을 고립된 수용소에 갇혀 지내는 유럽이나 미국의 환자들보다 이들의 처지가 나은 것 같기도 했다. 이들은 아무 데나 자유롭게 돌아다니고 먹을 것은 사람들이 대 주기 때문이다.

당시 제일 시급한 건 언어 문제였다. 내가 코넬에서 배운 고상한 인도네시아어는 고상한 상황에서나 쓰이는 교과서식 말이었던 것이다. 현지에서 만난 친구들은 내가 입만 열면 웃었고, 아이들은 한 마디도 알아듣지 못했다. 세 달쯤 지나자 내 언어 실력이 그대로인 것 같아 정말 우울했다. 그런데 나중에 보니 언어도 자전거와 비슷했다. 처음에는 계속 넘어지지만 어느 날 갑자기 뭔가를 깨달으면 핸들을 놓고도 달릴 수 있게 되는 것이다. 네 번째 달, 갑자기 안 막히고 술술 말할 수 있게 되자 너무 좋아서 눈물이 날 것 같았다. 이제는 인도네시아어로 면담도 하고 수시로 얼굴이 붉어지지도 않았다. 어느 날 면담하던 할머니가 "빠다할(padahal: '비록 …하지만'이라는 뜻)이란 말을 완벽하게 하는 걸 보니 이제 생각도 인도네시아어로 하나 봐요." 하는 말을 듣고 너무 기뻐서 얼굴이 붉어졌다. 그렇지만 다른 문제들도 있었다.

그 세대 식자층이 대개 그렇듯 우리 하숙집 아주머니는 자녀나 친구들과 얘기할 때 네덜란드어를 썼다. 내가 알아들으면 곤란한 말도 네덜란드어로 하셨는데, 어릴 때 우리 부모님이 애들이 들으면 안 되는 얘기는 프랑스어로 하신 거랑 비슷했다. 당시 코넬에는 네덜란드어 정규 강좌가 없었기 때문에 나는 꼭 대화가 아니라 책을 읽기 위해 그 말을 독습했다. 네덜란드어와 비슷한데 좀 더 어려운 독일어를 알았기 때문에 아주 어렵지는 않았다. 훨씬 나중에 스페인어를 배울 때도 똑같은 방법으로 했는데, 그건 바로 아주 두껍고 어렵고 재미있는 책을 골라서 한 줄 한 줄, 한 단어 한 단어씩 큰 사전에서 찾아보면서 읽는 것이었다.

내가 고른 책, 그리고 인도네시아에 대한 어떤 책보다 큰 영향을 준 책은 바로 1930년대에 나온 테오도르 삐고(Theodoor Pigeaud)의 『자바의 대중 공연 Javanese Popular Performances』이었다. 삐고는 좋은 사람은 아니었다. 클레어 홀트의 연인으로 정말 탁월하고 유명한 슈투터하임에 대한 질투심 때문에 그는 '부도덕한 행위'를 근거로 그녀를 식민지에서 몰아내려고 했다. 하지만 그는 훌륭한 학자였고, 책도 제목보다 훨씬 더 많은 내용을 담고 있었다. 책에는 자바와 가장 가까운 이웃인 순다(Sunda), 마두라(Madura), 발리를 비교 연구한 자료가 아주 많이 들어 있었고, 민담, 전설, 가면과 가면무, 빙의(憑依), 인형극, 배우와 광대들의 순회공연에 대한 자료도 아주 많이 실려 있었다. 왕족이 아닌 보통 자바 사람들의 문화가 얼마나 깊이 있고 복잡한지 잘 보여 주는 책이었다. 게다가 삐고는 이것들이 각 지역마다 어떻게 다른지, 특이점이 무엇인지, 특별히 발달한 곳은 어디인지 자세히 적어 놓았다. 내가 코넬에서 배운 것과는 차원이 다른 내용이었던 것이다.

이 책을 읽으면서 나는 다시 한 번 사랑에 빠졌다. 이번에는 인도네시아가 아니라 '자바'였다. '자바'에 따옴표를 찍은 것은 그때 내가 알던 자바는 극히 일부분이었기 때문이다. 공식적으로 자바인의 90%는 회교도로, 회교 의식을 통해 (남자아이면) 할례를 받고, 결혼하고, 장례를 치렀다. 그런데 특히 섬 내륙과 남쪽에서는 오래 전부터 내려온 샤머니즘, 애니미즘, 신비주의는 물론 장엄한 힌두-불교 전통이 아주 강했다. 사람들은 (독실한) '흰' 회교도와 (겉으로는 회교도지만 기본적으로 전통적인) '붉은' 회교도를 구분지어 얘기했고, 이 둘은 대개 아주 적대적이었다. 나는 독실한 회교도들을 많이 알았고 전통적인 모스크에 가는 것도 좋아했지만, '나의' 자바는 확실히 '붉은' 회교도들이었고, 나중에 이 문제로 나를 비난한 학자들도 많았다.

내 박사 논문과 아무 상관없었지만 당시 나는 서구에서 교육 받은 최초의 자바 학자인 뽈뽀자락(Poerbatjarak) 교수에게서 우아한 자바어를 배우고 있었다. 작고 단순한 그 집에 처음 갔을 때, 흰색으로 칠한 서재 벽에 방금 무서운 살인사건이 일어났던 것처럼 선홍색 얼룩이 있어서 깜짝 놀랐는데 몇 분 후에 그 이유를 알게 되었다. 상냥하게 얘기하는 교수의 몇 개 안 남은 치아는 모두 선홍색으로 물들어 있었는데 몇 분 후 그가 벽에 빨간 침을 뱉었다. 동남아 사람들이 오래 전부터 각성제로 사용해 온 라임 가루 뿌린 베텔 주스를 씹고 있었던 것이다.

그로부터 불과 얼마 후, 나는 교수의 동생인 빡 꼬드랫(Pak Kodrat)에게서 자바 음악을 배우게 되었다. 그 세대 음악가 중 가장 뛰어난 두 사람 중 하나인 이 분은 은연중에 책보다는 실생활에서 복잡한 자바 문화와 언어를 익히게 해주었다. 나는 인도네시아어에서 윗사람에게 쓰는 호칭인 '빳(Pat)'으로 그를 부르곤 했다. 그런데 그는 한동안 나를 뭐라고 부를지 고민하는 눈치였다. 자바어로 생각하고 있었기 때문이다. 자바의 젊은이들은 어른을 이름으로 부르지 않는다. 그리고 그 분은 내 할아버지 연세였으니 나를 '아이'를 뜻하는 '아낙(anak)'이나 '낙(nak)'으로 불러도 무방했다. 나는 그 분을 진심으로 존경했기 때문에 그렇게 불러주면 정말 기뻤을 것이다. 그런데 그 분이 볼 때 나는 학식이 높은 '백인'인 데다 수업료까지 내고 있었다. 하지만 내가 자기를 얼마나 좋아하는지 알고, 자기도 나를 아끼게 되자 자연스럽게 '뿌뜨로(putro)'로 부르기 시작했다. '뿌뜨로'는 고상한 (봉건시대의) 자바어에서 원래 '아들'이라는 뜻으로, 하층 노인들이 양반의 아들을 부를 때 쓰는 말이었다.[2] 나는 그 호칭을 정말 싫어했지만, 선생님은 뜻을 굽히지 않았다.

당시 나는 자바의 여러 지역을 돌아다니며 음악 공연, 그림자극, 가면무, 빙의 등을 구경했다. 박사 논문 연구도 하면서 이렇게 돌아다닐 수 있었던 건 (나로서는) 정말 운이 좋았던 덕분이다. 인도네시아에 가게 된 것은 일 년 반 동안 거기서 생활할 장학금을 받았기 때문인데, 그건 언어를 배우는 건 차치하고라도 중요한 연구를 하기에도 턱없이 짧은 기간이었다. 그런데 1962년에 인도네시아의 인플레이션이 점점 심해지자 환율이 매 달 올라갔다. 달러는 여전히 안정적이고 대접 받는 통화였기 때문에 당시 모든 외국인이 그랬듯이 나도 암시장에서 환전을 해서 이 돈을 가지고 2년 반을 쓸 수 있었다. 이렇게 체류 기간이 연장되니까 카힌 교수도 안심하는 눈치였다. 나는 자바의 문화를 익히는 동시에 현지의 정치 상황도 교수님께 보고했다.

인도네시아에 대한 내 연구는 상당 부분 정치와 문화의 관계를 다루고 있었는데, 다 내 세대에서는 좀 특이한 일이었다. 내 동기생이나 가까운 친구들은 주로 민주주의, 법, 공산주의, 헌법, 경제적 변화 같은 주제에 관심을 갖고 있었다. 클리포드 기어츠의 영향을 받은 인류학자들은 대부분 정치에는 관심이 없고 그 지역의 (사회적 규범, 전통 등) 인류학적 의미에서의 문화

---

2 우리말의 '도련님'과 유사한 호칭.

를 연구하고 있었다. 인도네시아에 체류하면서 나는 직접적이고 정서적인 방식으로 그 나라 사람들을 좋아하게 되었고, 나중에 『상상의 공동체』에 나타나는 '문화주의자'적 경향을 갖게 되었다.

논문을 준비하는 동안 나는 내 시간과 에너지의 반은 1940년 대에 나온 엄청난 양의 좀먹은 신문과 잡지를 소장한 국립박물관에서, 나머지 반은 이런저런 면담을 하는 데 바쳤다. 국립박물관에서 나는 식민지 시대 후기, 일제 강점기, 혁명기에 나온 잡지들을 발견했는데, 그중 하나가 바로 일본 군사정부의 홍보 담당 부서인 선전부의 기관지 『신新자바』였다. 그런 잡지였으니 당연히 말도 안 되는 거짓말로 가득 차 있었지만, 디자인은 아마 인도네시아 역사상 가장 아름다운 잡지였을 것이다.

네덜란드 식민지배 시대에는 그런 잡지가 나온 적이 없었다. 그런데 이 잡지에 그려진 일본인의 자화상이 특이했다. 한편에는 비행기 옆에 선 준수한 젊은 조종사들의 낭만적인 사진, 후지산, 벚꽃 그림이 있는가 하면, 다른 편에는 도조(東條) 장군 등 안경과 이상한 수염, 볼품없는 챙 모자와 헐렁한 군복을 입은 굳은 표정의 장군들을 찍은 으스스한 사진들도 있었다.

그렇지만 『신자바』의 사진들은 놀고 있는 아이들, 논에서 일하는 여인들, 기도하고 있는 회교도, 얇은 바지를 입고 죽창 훈련을 받고 있는 자바 청년 등 인도네시아와 그 나라 국민들을 보여 주는 정말 예술적인 작품들이었다. 옛 일본 판화 같은 그 사진들을 보면서 나는 인도네시아인과 일본인들은 (잔인한 일이 일상적으로 자행되고 있지만) 서로 통하는 데가 있다는 느낌을 받았다. 일제 강점기에 대해 얘기를 나누다 보면 일본인이 네덜란드인보다 나았다는 말을 자주 들었다. 둘 다 오만했지만 일본인은 아주 정중한 면도 있었기 때문이다. 인도네시아 사람들은 일본인의 이런 양면성을 특이하다고 생각하면서도 그들에 대해 어떤 친밀감을 느꼈던 것 같다. 물론 보통 때는 해방에 대한 희망으로 일제 강점기를 감내했다고 말했지만. 이 잡지의 내용 또한 흥미로웠다. 인도네시아어와 일본어로 된 이 잡지의 기사들을 보면 일본의 제국주의적 냉소주의도 엿보였지만, 다른 한편으로는 아시아 전체를 아우르는 진정한 연대감도 담겨 있었기 때문이다.

현장 연구에서 가장 즐거웠던 것은 역시 면담이었다. 당시 자카르타는 비교적 작은 구 식민지 수도였고, 대개 인종에 따라 서로 다른 구역으로 나뉘어 있었다. 그때는 자동차나 버스도 적었고, 고가도로나 고속도로도 전혀 없었다. 바퀴 세 개에, 앞에 손님을 태우고 뒤에서 모는 자전거택시를 모든 사람이 (짧은 거리라면 고관들도) 타고 다녔고, 이 택시들은 아주 번잡한 도로도 드나들 수 있었다. 자카르타의 끔찍한 총독 알리 사디긴(Ali

Sadikin)은 수하르토 정권 초기에 공무원 및 자가용을 모는 중산층을 위해 이들을 거리에서 내쫓기 시작했다. 나는 작은 베스파 오토바이를 샀고, 얼마 안 가 수도의 구석구석을 알게 되었다. 그러자 구 수도가 '나의 자카르타'로 느껴졌다.

당시 자카르타는 외국인이 거의 없고, 상당히 '민주적인' 도시였다. 전쟁 전 민족주의 운동의 기본 전제 중 하나가 모든 시민의 평등이었고, 이는 단순한 언어를 공통어로 채용한 데서 잘 나타났다. 말레이어에 바탕을 둔 이 언어는 여러 인종이 서로 교역할 때 사용했고, 나중에 인도네시아의 국어가 되었다. 이 선택이 정말 좋았던 이유는 그 언어 자체가 평등한 특성을 갖고 있는 데다가 어떤 한 유력 인종/언어 집단에 속하지 않았기 때문이다.

평등에 대한 열망은 1945~49년의 혁명을 겪으면서 한층 더 강해졌다. 혁명은 여러 계층을 더 평등하게 만들었을 뿐 아니라 봉건 전통을 뒤흔드는 사건이었다. 같은 연배의 남성들 사이에서는 혁명 동안 사용된 ('형제'를 뜻하는) '붕(bung)'이라는 호칭이 아직도 널리 쓰이고 있었다. 돈 많은 인도네시아인은 아주 드물었고, 멘텡(Menteng) 구역의 멋진 저택에 사는 사람들은 1957년에 네덜란드인들이 추방될 때 그냥 그 집들을 차지한 것이었다.

이런 평등주의를 엿볼 수 있는 곳이 바로 우리 하숙집 앞 거리였다. 날이 저물면 갑자기 온갖 계층의 사람들이 (모두 남자)

몰려와 거리를 메웠고, 사장이 점원과, 고위공무원이 인력거꾼과 게임을 벌였다. 나도 꽤 자주 거기 나갔는데, 꼭 체스 때문이 아니라 내가 '도전'하는 사람들과 시합을 하면서 격의 없는 면담을 할 수 있었기 때문이다. 이런 평등주의는 수하르토 정권 때 사라져 버렸지만, 그게 지속되는 동안은 정말 특별하게 느껴졌다.

나는 여러 계급이 존재하고 서로 위계질서를 이루는 영국에서 10대를 보냈다. 그때는 사람들의 어조만 봐도 어느 계층인지 금세 알 수 있었다. 계급 차별이 어디나 존재했고, 귀족과 상류층, 중상하류층, 노동 계층의 문화는 서로 많이 달랐다. 아일랜드는 그보다는 나았지만 계급 구조는 여전히 문화 및 일상에 큰 영향을 미쳤다. 이런 이유 때문에 인도네시아는 내게 사회적 천국으로 느껴졌다. 거기서는 아무런 자의식 없이 장관, 버스 운전사, 군 장교, 웨이트리스, 학교 교사, 여장남자 매춘부, 하급 불량배, 정치가 등 거의 모든 사람과 즐겁게 얘기할 수 있었다. 점점 부상하는 엘리트층이 아니라 평범한 사람들이 가장 솔직하고 흥미로운 면담 집단이라는 사실도 금세 깨달았다.

인도네시아는 1957년부터 1963년 5월까지 계엄령 하에 있었다. 선거도 없고, 언론도 부분적으로 검열을 받았지만, 정치범은 많지 않은 데다 나름 편하게 지내고 있었다. 하지만 나라 전체가 심하게 분열된 상태였고, 가끔 긴장이 감돌기도 했다. 그런 상황이었지만 그래도 나는 공산주의자, 사회주의자, 좌우 진영의 민족주의자, 무장 반역으로 투옥되었다가 얼마 전 출소한 사람들을 포함한 여러 종류의 회교도, 중국인, 경찰과 군인, 그지역 왕족, 나이든 관료 등 정치적으로 서로 다른 입장을 가진 다양한 사람들과 면담을 했다. 그들에게 나는 일제 강점기 후기와 혁명 초기를 연구한다고 말했는데, 그 시기의 기억은 거의 모든 사람의 마음속에 생생히 남아 있었다.

그 과정에서 특이한 경험도 많이 했다. 그중에서도 가장 특이한 것은 두 형제와의 면담이었는데, 형은 공산당 정치국에 있었고, 동생은 육군 정보부장이었다. ('서구'에서는 상상하기도 힘든 일이었다.) 땅딸막한 체구의 엔지니어 사키르만(Sakirman)은 혁명 기간 동안 중앙 자바에서 좌익 인민 무장 민병대를 이끈 사람이었다. 그는 처음에는 나를 의심하더니 내가 그의 젊은 시절의 정치 활동에 정말 관심이 있다는 걸 알게 되자 마음을 풀고 아주 많은 이야기를 들려주었다. 동생인 빠르만(Parman) 장군은 체구는 형과 비슷했지만 사고방식은 아주 달랐다. 어느 날 약속을 잡으러 그 집에 찾아갔는데 놀랍게도 차고에서 비싼 장난감 전기자동차 세트를 갖고 열 살 꼬마처럼 즐겁게 놀고 있었다. 약속을 잡으려 하자 저녁 때 태우러 오겠다고 했다.

그 날 저녁 장군은 창문에 코팅이 된 오래된 폭스바겐을 몰고 와서 나를 따나 아방(Tanah Abang) 구역에 있는 (나중에 알게 된 거지만) 정보부 안가로 데리고 갔다. 밖에서 보면 낡은 창고 같은 건물이었다. 그런데 몇 마디 얘기를 나누다 보니 나를 CIA 요원이라고 생각하는 듯했다. 자기가 공산당 안에 뛰어난 첩보원을 많이 두고 있어서 정치국이 어떤 결정을 내리면 불과 몇 시간 안에 알아낼 수 있다고 자랑했기 때문이다. 장군은 한참이 지나서야 내가 스파이가 아니라 그냥 학생이라는 걸 깨달았다. 그 뒤에는 젊은 시절 일본 점령군의 부속 기관인 헤이호(Heiho)에서 근무했던 얘기를 해주었는데, 이 부대는 가끔 태평양 지역에서 싸우기도 했지만 주로 방위 시설을 건설하는 노동자로 동원되었다고 했다. 그는 그때 일을 즐겁게 떠올리는 눈치였다.

그 이후에, 가장 많은 것을 깨닫게 해준 면담자는 일본군에 의해 정규군이나 (연합군이 나타났을 때는) 게릴라, 또는 정보요원으로 훈련 받은 인도네시아 군인들이었다. 그들은 민족주의자라면 당연히 그렇듯이 일본군의 점령 그 자체에는 철저히 반대하는 입장이었지만, 자기들을 훈련시킨 일본인들을 진심으로 존경하고 있었다. 그로부터 몇 년이 흐른 뒤 어떤 장군이 쓴 아주 재미있는 회고록을 읽었는데, 일본군으로부터 훈련 받을 때 유일하게 맘에 안 들었던 것은 바로 공중화장실이었다고 했다. 일본군이 상류 쪽에서 용변을 봤기 때문에 그들의 구린 대변이 자기들이 용변 보는 곳을 지나서 떠내려갔다는 것이다.

그런데 처음부터 고민스러운 문제가 하나 있었다. 바로 인종 문제였다. 나는 스스로를 '백인'이라고 생각해 본 적이 없는데, 해방된 지 얼마 안 된 식민지 사람들은 나를 뚜안(Tuan: 주인님)이라고 부를 때가 많았다. 네덜란드인이 자신들을 그렇게 부르도록 강요했었기 때문이다. 그리고 어떤 사람들은 단지 내 피부색 때문에 평범한 외국학생인 나에게 민망할 정도로 공손한 태도를 취했다. 덕분에 나는 얼마 안 가 인도네시아어에 작지만 영속적인 기여를 하게 되었다. 어느 날 내 피부를 보니까 하얀 게 아니라 분홍과 회색이 섞인 색이었다. 그리고 그건 바로 (물소, 암소, 코끼리 등) 알비노 동물들의 피부색이었다. 인도네시아에서는 그런 동물들을 '불라이(bulai)' 또는 '불레(bulé)'라고 불렀다. 그래서 젊은 친구들에게 나나 나 같은 사람들을 '뿌띠(putih: 하얗다)'라고 하지 말고 불레(bulé)라고 부르라고 했다. 그들은 이 제안이 맘에 들었는지 주변의 다른 사람들에게도 전해 주었고, 결국 신문과 잡지에도 퍼져서 결국 인도네시아어의 일부가 되었던 것이다.

우스운 게 그로부터 십여 년이 지난 후, 어느 날 호주 출신의 '하얀' 동료가 편지를 보내 왔는데, 인도네시아인들은 정말 인종차별주의자라고 투덜대면서 불레(bulé)라는 호칭이 너무 싫다고 했다. 그래서 그 친구에게 피부를 거울에 비쳐 보면서 정말 '뚜안'으로 불리고 싶은지 생각해 보라고 했다. 그리고 내가 1962년이나 1963년에 bulé라는 말에 새 의미를 부여했다고 말해 주었다. 그 친구가 끝내 반신반의하기에 이렇게 말해 주었다. "자네는 경험 많은 인도네시아 역사학자니까 1963년 이전에 나온 문서에서 그 말이 백인들을 가리키는 용어로 쓰인 예를 찾아보게. 그런 경우가 있다면 내가 100달러를 주지." 그는 그 제안을 받아들이지 않았다.

자카르타 아닌 다른 지역 사람들과의 면담은 더 즐거웠다. 발리에도 몇 번 갔고 한 번은 2주 동안 북수마트라에 간 적도 있지만, 대부분의 면담은 자바에서 이루어졌다. 당시 자바 밖으로 나가는 건 (발리는 예외지만) 쉬운 일이 아니었다. 배가 몇 척 밖에 없었는데 다들 위험할 정도로 낡았고 짐도 너무 많이 실었다. 항공사는 딱 하나였는데 국영이었고, 군인이나 공무원들이 많이 탔기 때문에 보통 사람은 자리를 구하기가 아주 어려웠다. 1958년 봄에 일어난 내란은 아직 완전히 진압되지 않은 상태였다. 사실 자바에서도 십여 년 전에 시작된 과격한 다룰 이슬람(Darul Islam)[3] 내란이 서자바의 고지대에서 아직도 맹위를 떨치고 있었다. 특히 밤에 반둥(Bandung)에 가는 건 정말 위험한 일이라는 얘기를 많이 들었다. 다룰 이슬람 사람들에게 살해될 가능성이 높다는 것이었다. 그런데 나는 그렇게 여러 번 갔는데도 전

---

3 다룰 이슬람(Darul Islam): 1940년대 말부터 인도네시아에서 일어난 반정부 투쟁운동 및 그 단체. '이슬람의 세계'라는 뜻으로, 인도네시아의 '이슬람 국가 건설 운동'을 가리킴.

혀 위험하지 않았다. DI와 국군 사이에 암묵적인 합의가 있어서 낮에는 주요 도로를 국군이 통제하고, 밤에는 DI가 통제했기 때문이었다.

자바의 시골을 돌아다니려면 체력도 좋고 머리도 잘 돌아가야 했다. 기차 말고도 버스, 트럭, 마차, 조랑말, 소달구지, 카누 등 여러 교통수단이 있었는데, 고지대에서는 조랑말을 타는 수밖에 없었다. 말을 사랑하는 아일랜드에서 자랐기에 나는 타는 것에는 자신이 있었다. 하지만 늘 트럭으로 이동하는 걸 좋아했다. 코넬에 다닐 때 나는 워싱턴, 필라델피아, 뉴욕, 보스턴처럼 먼 곳을 히치하이킹으로 가곤 했다. 운전자들은 기꺼이 젊은 학생들을 태워 주었고, 차를 얻어 타는 학생들도 살해당할 거라는 생각은 전혀 없었다. 그 옛날, 자바에서도 히치하이킹(ngompreng)이 흔했고, 트럭 운전사들은 젊은 백인 학생이 길가에서 엄지를 들고 서 있는 모습이 재미있다고 생각했던 것 같다. 트럭 운전사가 혼자인 경우 나는 몇 시간씩 옆자리에 앉아 신나게 귀신, 악령, 축구, 정치, 악덕 경찰, 여자들, 무당, 불법 복권, 점술 등에 대한 얘기를 나눌 수 있었다. 어떤 때는 트럭 짐칸에 올라타기도 했는데, 해가 진 뒤 거기 서서 얼굴에 서늘한 바람을 맞으며 달리기도 했다.

어느 날 밤 친절한 트럭 운전사가 우리 일행을 보로부두르 (Borobudur)에서 2마일쯤 떨어진 곳에 내려주었다. 10세기경에 건

립된 이 멋진 불교 사원은 세계 최대 규모로 알려져 있다. 우리는 보름 달빛 속에 사원까지 걸어가서 거대한 탑의 가장 높은 테라스에 올라가 불상들 옆에서 새벽까지 잠을 잤다. 경비원도, 호텔도, 요란한 음악도 없고, 행상이나 티켓도 없는 곳이었다. 마치 천 년 전으로 돌아간 듯, 말할 수 없이 평화로웠다. 또 한 번은 냄새가 지독한 퇴비를 실은 트럭을 얻어 탔는데, 운전사가 매트를 하나 주면서 깔고 앉으라고 했다. 가는 길에 경비 초소를 많이 지나갔는데, 냄새 나는 퇴비와 그 위에 앉아 졸고 있는 젊은 백인을 보고는 다들 그냥 통과시켜 주었다. 우리가 말랑(Malang)시에서 내릴 때에야 운전사가 도와줘서 고맙다고 웃으며 사례를 했다. 30센티미터쯤 되는 퇴비 밑에 엄청난 양의 불법 고무 원료가 숨겨져 있었던 것이다. 밀수에 대해 처음 알게 된 계기였다.

여기서 당시의 면담에 대해 좀 더 구체적으로 얘기하는 게 좋을 것 같다. 먼저, 언어. 인도네시아어가 어디서나 통했고, 나도 대부분의 면담을 인도네시아어로 진행했다. 네덜란드식 교육을 받은 사람들은 면담 중간 중간에 그 나라 말을 사용하거나, 높은 지위를 과시하기 위해 네덜란드어 단어들을 섞어 쓰기도 했다. 그래서 어떤 때는 아예 네덜란드어를 모르는 척하는 게 좋은지, 실제보다 더 많이 아는 척하는 게 좋은지 고민한 적도 있다. 자바인들하고도 면담을 많이 했는데, 그런 때는 자바어의 단어나 표현을 가끔 섞어 쓰면 도움이 되었다. 그런 식으로 농담하는 게 제일 효과적이었다. 인도네시아인들은 대부분 농담을 좋아했는데, 특히 두 가지 언어를 섞어서 농담하면 아무리 서먹한 분위기라도 금방 좋아졌던 것 같다.

나는 처음에는 여자들과 면담하는 게 더 어려울 줄 알았는데, 그들이 사회적으로 얼마나 중요한지, 그리고 왜 그런지 이해하고 나니 그 반대였다. 동남아 국가들이 대개 그렇듯 자바도 양계(兩系)제여서 외가도 친가 못지않게 중요했고, 외가가 사위를 '사는' 식이어서 대개 신랑이 처갓집에 가서 살았다. (이혼 또한 아주 쉬웠다.) 어떤 지역에서는 아이들이 각자의 이름을 갖고 있었고 (성은 없고 이름만 짓는 경우도 있었다), 일부 귀족 집안을 빼고는 대부분 부모의 이름과 전혀 상관없는 이름을 지어 주었다. 자바에서는 보통 부모 자신의 이름이 아니라 아무개 아빠나 아무개 엄마 식으로 어른을 호칭했다. 여성들은 대개 자신의 재산이 있었고, 그것을 직접 관리했다. 그래서 여성들을 면담하기가 쉬웠고, 그들은 정략결혼이나 가계(家系) 같은 문제에 대해 특히 잘 알고 있었다.

그때는 노트북은커녕 전동타자기도 없었다. 녹음기는 있었지만 그걸 쓰면 솔직하거나 자연스러운 면담은 불가능했다. (나는 한 번도 녹음기를 쓰지 않았다.) 그래서 면담할 때마다 내용을 다 기억했다가 집에 오자마자 얼른 수동식 타자기로 치든지 종이에 써 놓아야 했다. 내 경우는 네덜란드인들의 습속, 좋은 일본어, 돈, 무기, 라디오, 부정부패 등 주제에 따라 면담 내용을 기억하고, 어떤 때는 상대방이 신경 쓰이지 않게 살짝 몇 자 적어 놓기도 했다. 상대방의 말을 정확히 알아듣고 기억력을 늘리는 데 정말 도움이 되는 훈련이었다.

지금 생각하면 그때 한 면담 중 제일 중요한 것은 1962년 4월에 고색창연하고 모기가 득실대는 콜로니얼 양식의 인도네시아 호텔(Hotel des Indes)에서 마에다 다데시(前田精) 전 해군소장과 나눈 두 번의 긴 대화였다. 그는 전쟁 전 영국에서 근무한 적이 있기 때문에 영어를 좀 알았고, 전쟁 중에는 자카르타에 주둔했기에 인도네시아어도 어느 정도 할 수 있었다. 그래서 우리는 이 두 언어를 섞어 가며 대화를 나누었다. 내가 일본인과 대화한 것은 그때가 거의 처음이었는데, 지금 생각하면 정말 기가 막히게 운이 좋았다. 그는 (한여름 중에서도 가장 더운 날이라 속옷만 입고 있었는데도) 정말 품위 있고, 아주 신사적이고, 겸손하고, 솔직하고, 매력 있었다. (이 백인 청년을 보고 그가 어떤 생각을 했는지는 아무도 모른다.) 현대 일본을 다룬 여러 책에서 나는 19세기 말에 시작된 일본의 급속한 군비 확장에 대해 두 가지 시각이 존재한다는 걸 읽은 적이 있었다. 어떤 이들은 그것을 유럽의 제국들처럼 거대한 영토를 차지하기 위한 정복 전쟁의 준비라고 보았고, 소위 범아시아주의자라고 불리는 또 다른 이들은 서구 열강으로부터 아시아를 해방시킨다는 일본의 사명을 실현할 방안으로 보았다.

1935년 영국은 버마를 영국령 인도로부터 분리하기로 결정하고 특별헌법을 제정했다. 능란한 정치인 바 모(Ba Maw) 박사가 영국 총독 휘하에 있는 버마의 (본국 출신으로는) 초대 수상이 되었다. 1939년 영국에 의해 조작된 선거로 실각한 후 박사는 범아시아주의자 무장 로비스트들과 접촉했다. 1941년 1월, 일본 수상 도조 히데키는 의회에서 "버마가 대동아공영권 설립에 협조한다면 일본은 기꺼이 버마인들에게 독립을 허할 것이다."라고 선언했다. 그로부터 1년 후, 일본군은 주로 샴에 거주하는 버마인들로 구성된 '버마 독립군'과 힘을 합해 영국을 버마에서 몰아냈다. 1943년 7월, 버마와 일본은 천황 궁에서 동맹 조약을 체결했고, 바 모 박사가 대통령이 되었다.

그때 필리핀에서도 비슷한 일이 일어났다. 미국은 1935년 마누엘 케손(Manuel Quezon)을 투표를 통해 선출된 초대 대통령으로 만들어 놓고 1946년에 독립시켜 주기로 약속했다. 그런데 일본이 필리핀을 점령하자 케손은 대부분의 미국인들과 함께 미국으로 도주했고, 상원의원인 호세 라우렐(José Laurel)이 버마의 바 모(Ba Maw) 비슷한 지위의 대통령이 되고 금세 독립시켜 주겠다는 약속을 받았다. 그런데 인도네시아에서는 이런 일이 일어나지 않았다. 1943년 말 고이소 수상[4]은 '언젠가' 독립을 시켜주겠다고 약속했지만, 인도네시아인 수반을 뽑지는 않았다. 1945년 4월 히틀러가 패망하자 일본은 자기들도 완전히 패배할 거라는 걸 깨달았고, 인도네시아에 있던 일본군 장교들은 천황을 위해 목숨 바쳐 싸워야 한다고 생각했다. 그런데 마에다 다데시 등 다른 이들은 어떤 희생이 따르더라도 약속한 대로 가능한 한 빨리 인도네시아를 독립시켜 줘야 한다고 생각했다.

그러다가 8월 6일 히로시마, 사흘 후 나가사키에 원자탄이 떨어지면서 이 모든 게 끝이 났다. 8월 15일 천황은 라디오를 통해 즉각적인 투항을 선언하고, 9월 2일에는 완전한 무장 해제를 명했다.

마에다 같은 이들은 일본의 군비 대부분을 PETA[5]의 인도네시아 지도자들에게 넘겨 주자고 주장했고 그것이 받아들여졌다. PETA는 1943년부터 연합군이 쳐들어오면 (그런 일은 일어나지 않았다) 맞서 싸우도록 양성된 군대였다. 군대가 없으면 인도네시아는 다시 네덜란드의 식민지가 될 수 있었다. 마에다

---

4 고이소 구니아키(小磯国昭, 1880~1950): 제41대 일본 총리, 육군대장, 조선총독. 야마가타현 출신.

5 페타(PETA:Pembela Tanah Air): 인도네시아의 향토방위의용군. 1943년 10월 일본군이 연합군의 침입에 맞설 병력으로 조직. 자바에 37,000여 명, 수마트라에 20,000여 명 규모였으나, 인도네시아 독립 선언 다음날인 1945년 8월 17일, 일본군의 명령으로 무장 해제됨. 초대 대통령 수카르노는 이 결정에 찬성.

는 또 인도네시아에는 수카르노 같은 강력한 지도자가 있어야 한다고 생각했다. 그런데 8월 16일, 몇 명의 급진주의 청년들이 수카르노와 존경 받는 2인자인 모하마드 하타(Mohammad Hatta)[6]를 납치했다. 그들은 이 두 사람이 인도네시아 공화국을 선포할 배포가 없다고 생각했던 것이다. 마에다는 이들에게 연락을 취해 두 사람을 석방해 주도록 했고, 자기 집에 여러 집단을 초대해 협상을 하도록 주선했다. 그러고는 아무런 개입 없이 안방으로 물러나 있었다. 8월 17일 늦은 오후, 수카르노와 하타는 자유 인도네시아의 탄생을 선포했고, 마에다는 군대가 문제를 일으키지 못하게 단속했다.

마에다는 아주 솔직하게 그 전쟁은 정말 어리석은 재앙이었다고 털어놓았고 (이것이 바로 당시 일본 해군이 일본 육군의 어리석은 짓들을 보는 관점이기도 했다), 인도네시아의 독립을 돕는 것이 해군연락사무소 소장으로서 자신이 해야 할 역할이라고 얘기했다. 이것은 일본은 아시아의 여러 국가를 정복하고 일본 제국에 편입시킬 게 아니라 서구 열강으로부터 해방되도록

---

6 모하마드 하타(Mohammad Hatta, 1902~80): 인도네시아의 독립운동가, 정치가, 경제학자. 1921년부터 1932년까지 네덜란드에서 경제학 공부. 네덜란드령 동인도 식민 통치 말기에 인도네시아 독립운동을 이끈 지도자의 한 사람으로, 1945년 인도네시아가 네덜란드로부터 독립한 후 초대 부통령(1945~56) 역임, 총리 겸임(1948~50), 외무장관 겸임(1949~50).

도와야 한다는 생각과도 일치하는 것이었다.

마에다와의 면담에서 제일 좋았던 점은 그가 아주 어려운 상황에서 본인이 하려던 것, 하지 못한 것, 해낸 것을 아주 자세히 설명해 주었다는 것이다. 그는 1945년 8월 17일 인도네시아가 독립을 선언하기까지 거쳐 간 복잡한 과정에서 자신이 했던 역할을 아주 겸손하게 얘기했고, 다만 인도네시아인이 스스로 모든 걸 결정하게 놔두도록 일본군 장성들을 설득한 것에 대해서는 긍지를 느낀다고 했다. 그는 인도네시아인들이 독립선언에 대한 결정을 내릴 때 일부러 그 자리를 피해 주었다. 나중에 (부드러운 성격의 공산주의자이면서 독립군 지도자인 워까나Wikana를 비롯해) 마에다 및 일본 해군연락사무소와 일했던 인도네시아 사람들을 만나 보니 일본 점령 정권은 증오했지만 마에다에 대해서는 깊은 존경심을 갖고 있었다.

마에다와의 면담은 내게 세 가지 이유로 정말 중요했다. 첫째, 그와의 면담을 통해 나는 일본에 대해 전보다 더 복합적으로 생각하게 되었다. 내가 아직 어린애였던 제2차 세계대전 당시 카힌은 미국 서부에서 불운한 일본계 미국인들을 돕기 위해 최선을 다했지만 그래도 일본을 증오하도록 훈련받았다. 카힌과 나의 이런 문화적·세대적 차이는 「아시아의 빛 일본」이라는 나의 첫 논문에도 드러나 있다. 그 논문에서 나는 인도네시아인들을 잔인하게 탄압하고 착취한 점령 정부의 실상을 묘사하면서도 일본인들의 도움을 인정해야 인도네시아의 혁명을 이해할 수 있다는 사실을 지적했다. 둘째, 마에다는 나로 하여금 난생 처음으로 개인들의 역할에 대해 생각하게 해주었다. 가장 중요한 세 번째는, 그와 얘기한 다음 내 논문의 주제가 점차 바뀌었다는 사실이다.

애초에 나는 인도네시아의 네덜란드 식민 지배 후기, 일제 강점기, 혁명, 의회민주주의, 교도(敎導) 민주주의[7]라는 일련의 단계에서 일제 강점기를 하나의 독립된 시기로 다룰 생각이었다. 그런데 이런저런 증거를 살펴볼수록 이런 일련의 사건들이 그처럼 단순하게 분리될 수 없다는 생각이 들었고, 결국 그 틀을 깨기로 마음먹었다. 일단 일제 강점기와 혁명의 연관성부터 살펴봐야 했다. 내 논문이 이 두 시기를 연결 지어 생각하고 1944~46년을 자세히 검토한 것도 그 때문이다. 당시 학자들은 상층 엘리트를 집중적으로 연구했기 때문에 혁명과 강점기가 대조적으로 보일 수밖에 없었다. 그런데 그 아래 계층들의 경우는 어땠을까? 「청년 혁명 Pemuda Revolution」이라는 내 논문은 바로 이 의문에서 출발했다. 그 논문에서 나는 (맞든 틀리든 간에) 혁

---

7 Guided democracy. 초대 대통령 수카르노가 주창한 것으로, 인도네시아의 복잡한 역사와 인종, 지역 구성, 정치·경제적 현실에 맞게 엘리트 계층의 지도 아래 강력한 정부 주도의 정치 발전이 필요하다는 명분하에 행해진 독재 체제.

명을 이끌어낸 것은 민족주의 정치 엘리트도, 어떤 한 사회 계층도 아니고 바로 한 세대, 일본 제국주의의 지배하에 많은 것을 체험한 젊은 세대의 힘이라고 주장했다.

카힌이 본인의 저서 『인도네시아의 민족주의와 혁명』에서 제시한 몇 가지 주장을 반박하는 학생의 박사 논문을 열렬히 지지해 주고 가능한 한 빨리 출간될 수 있도록 도운 걸 보면 그가 얼마나 학생들을 아끼고, 겸손하고, 지적으로 관후한 사람인지 짐작이 갈 것이다. 사실 우리는 둘 다 일본어를 몰랐고 일본 문서도 별로 보지 못했기 때문에 몇 가지 오류를 범했다. 거의 50년 후, 나와 절친한 친구이자 인도네시아 군대사의 대가인 데이비드 젠킨스(David Jenkins)가 수많은 자료와 면담을 통해 규명한 내용을 읽어 보니 혁명을 가능하게 만든 것은 바로 자바에 있던 일본군 고위 장교들이었다.

1945년 7월 17일부터 8월 초에 걸쳐 진행된 포츠담 회담(Potsdam Conference)[8] 기간 동안 맥아더의 남서 태평양 사령부의 관할 지역이 갑자기 (버마, 말라야, 인도네시아, 인도차이나를 포함한)

---

8 제2차 세계대전 종결 직전인 1945년 7월, 연합국인 미국, 영국, 중국의 수뇌부가 독일 포츠담에 모여 개최한 회담. 그 전에 점령한 독일과 패망이 확실한 일제에 대한 처리가 주요 의제. 7월 26일에 발표된 포츠담 선언은 일본에 대한 무조건 항복 권고, 군국주의 배제, 민주주의 복구, 전범 재판, 영토 제한, 비무장화, 군수 공업 폐지, 한국의 독립 등을 담고 있음.

마운트배튼(Mountbatten)의 동남아시아 사령부로 넘어갔다. 그런데 마운트배튼에게는 그 지역을 통솔하는 데 필요한 병력, 수송 수단, 무기, 각 지역의 정치적 동향에 대한 실질적인 지식이 전혀 없었다. 그 결과 9월 15일에서야 그의 장교들이 자바에 도착했다. 인도네시아의 독립 선언과 이 횡재 사이의 한 달 동안 일본군 고위 장교들은 인도네시아 혁명군 측에 72,000문의 소형포와 100만 발 이상의 탄약, 박격포, 야포(野砲)를 비밀리에 넘겨주었다. 이 도움이 없었으면 혁명이 성공할 수 없었을 것이고, 마운트배튼은 자바 전체를 점령한 다음 네덜란드에 돌려주었을 거라는 젠킨스의 말은 사실이다.

1964년 4월 나는 현장 연구를 마치고, 여름 동안 네덜란드에 머물며 인도네시아의 식민 지배를 종식시킨 일제 강점기 및 혁명에 관련된 네덜란드의 문서들을 연구했다. 그런데 바로 그 여름에 암스테르담에서 좌익의 프로보(Provo) 운동이 벌어졌다.[9] 이것은 독일, 프랑스, 미국, 일본, 영국, 그리고 그 밖의 많은 나라에서 벌어진 전투적인 1960년대 자유화 운동의 전조였다. 프로보는 좌익 지식인, 학생, 보헤미안, 무정부주의자, 노숙자, 그리고 몇몇 폭파범으로 이루어져 있었는데, 이들은 정부, 왕정,

---

9 1965년 5월 25일에 시작되어 1967년 5월 13일에 끝난 네덜란드의 반체제운동. 반전운동, 반핵운동 등의 이슈를 중심으로 진행된 자유화 운동.

경찰, 대자본가를 모독하기로 유명했다. 예컨대 그들은 권력자들을 모욕하는 글귀가 쓰인 헬륨 풍선을 거대한 중앙역 꼭대기에 띄워 올렸다. 경찰로서는 소방대원들이 쓰는 긴 사다리를 타고 엉금엉금 기어 올라가든지 총으로 풍선을 쏘아 터뜨리든지 둘 중 하나를 선택할 수밖에 없었다. 그중 어느 쪽을 택하든 출근하는 시민들이 보면 배꼽을 쥐고 웃을 일이었다. 그래서 연구를 하다가 시간이 나면 데모대가 뭘 하고 있는지, 어떤 구호를 내세우고 있는지 보러 다녔다.

8월에 코넬로 돌아와 보니 존슨 대통령이 이른바 통킹만 사건[10]을 기화로 1965년 2월 베트남에 대규모 공세를 펼치고 있었다. 그때부터 반전 데모가 온 대학가를 휩쓸었다. 코넬에서는 카힌이 존슨의 외교 정책을 맹렬히 비난하고 있었고, 그의 대학원 제자들도 대부분 그와 같은 입장이었다.

인도네시아의 정치·경제 상황은 급격히 악화되고 있었다. 군장성들이 대기업과 농장들을 지배하면서 모든 반 공산 단체들

10 1964년 8월 2일 베트남 동쪽 통킹만에서 벌어진 북베트남 경비정과 미군 구축함의 해상 전투. 8월 7일 미 하원은 만장일치로 '통킹만 결의안'을 채택했고, 미국은 북베트남에 대한 대대적인 폭격을 시작하고 해병대를 상륙시킴. 1971년 미 국방부 보고서는 미국이 베트남전 개입을 위해 이 사건을 조작했을 가능성을 제기했고, 베트남전 당시 미 국방장관이었던 로버트 맥나마라(Robert S. McNamara)도 1995년 회고록에서 이 전투가 미국의 자작극이었음을 고백했음.

을 조직화하고 있었다. 공산당은 강했지만 1950년부터는 선거 정치에 전념하면서 전투 능력은 전혀 갖추지 못한 상태였다. 수카르노는 여전히 당을 보호했지만 힘을 잃어가고 있었다. 10월 1일 새벽, 반 수카르노 쿠데타가 임박했다는 생각에 분개한 장교들이 군인들을 이끌고 다섯 명의 최고위급 장성들을 처치했다. 이들은 장성들이 부패하고, 성적으로 문란하며, 일반 군인들의 삶을 전혀 모르고 있다고 비난했다.

같은 날 저녁, 수하르토 장군이 군부를 장악하고 반도들을 제압했다. 다음날, 군부가 장악한 언론사를 빼고는 모든 신문사와 텔레비전 채널이 봉쇄되었다. 10월 3일, 수하르토는 다섯 명의 장성을 죽인 것은 공산주의자들의 소행이라고 말했다. 그 후 당원이나 동조자로 의심 받는 이들은 모조리 죽임을 당했다. 학살은 세 달 동안 계속되었는데 군인뿐 아니라 수천 명의 무장한 회교도들도 이에 가담했다. 약 100만 명의 좌익이 피살되고, 많은 사람이 고문을 당하거나 전국에 깔린 수하르토의 수용소에 보내졌다.

코넬에 있던 우리 세 사람은 이 사건의 진상을 조사하기로 했다. 루스 맥베이는 아시아에서 제일 오래된 인도네시아의 공산당사(史)를 연구하기 전에는 소련 전문가였다. 그녀는 인도네시아에서 현장 연구를 하는 동안 많은 공산주의자를 알게 되었다. 프레드 버넬(Fred Bunnell)과 나는 아직 대학원생이었다. 다행히 코넬 도서관에는 9월 30일 분까지 인도네시아의 신문과 잡지가 많이 들어와 있었다. 우리는 석 달 동안 만사를 제쳐놓고 기밀 문서인 「1965년 10월 1일에 일어난 인도네시아의 쿠데타에 대한 예비 분석」에 매달려 1966년 첫 주에 끝마쳤다.

이 보고서에서 우리는 '미수의 쿠데타'가 수하르토와 그 동조자들이 주장한 대로 공산당의 소행이 아니라 인도네시아 군부 내의 갈등에 기인한다고 주장했기 때문에, 혹시 그 내용이 유출되면 이 문서에 대해 알지도 못하는 인도네시아 출신 유학생이나 인도네시아 친구들이 체포되거나 고문당하거나 살해될까 봐, 믿을 만한 몇몇 학자에게만 보여 주었다. 그런데 두 달 후이 보고서가 유출되었고, 수하르토의 부하들과 (수하르토를 적극적으로 밀어 주었고 공산당원들의 죽음에 신이 났던) 미 국무성은 펄펄 뛰었다.

1965년 여름 우리 세 사람은 일 년에 두 번 나오는 인도네시아 관련 학술지[11]를 창간하기로 결정했고, 카힌도 적극적으로 밀어 주었다. 1966년 4월에 나온 창간호에 우리는 여러 집단에서 나온 문서들을 실었다. 우리는 이 학술지가 오래 갈 거라고 생각지 않았지만, 지금까지 무려 50년 동안 발간되고 있다.

---

[11] 1966년 4월에 창간호를 낸 『인도네시아 저널 *Indonesia Journal*』은 코넬 대학교 동남아시아 프로그램이 일 년에 두 번 발행하고 있는 인도네시아 전문 학술지.

1972년 나는 워싱턴 주재 인도네시아 대사관이 비자를 줄 리 없다고 생각해서 런던을 방문한 김에 거기 있는 대사인 아지 (Adji) 장군에게 면담을 요청했다. 장군은 혁명에서 자신이 한 역할에 대해 얘기해 주더니 정중하게 도울 일이 있으면 말해 보라고 했다. 그래서 비자 얘기를 꺼냈더니 곧바로 발급해 주었다. 그래서 (결국 금방 나와야 했지만) 나는 인도네시아에 돌아갈 수 있었다. 거기 있는 동안 정보부의 신문을 본 적이 있는데, 거기에 국가의 네 적(敵)이 실려 있었다. (군부의 엄청난 타락상을 폭로한)『월스트리트저널』, 모스크바의 타스통신(TASS), 북경의『인민일보』그리고 코넬 대학교였다. 정말 놀랍고도 웃기는 일이었다. 인도네시아 당국은 내가 자카르타에 들어왔다는 사실을 두 주일 후에야 발견했는데, 그걸 알자마자 곧바로 추방했고, 수하르토의 독재정권이 무너질 때까지 무려 27년 동안 입국을 금지시켰다.

그렇게 쫓겨나 앞으로 오랫동안 인도네시아에 들어갈 수 없을 거라는 느낌이 들었다. 그렇다면 새로운 연구 주제를 선택해야 했다. 처음에는 어린 시절부터 좋아했던 스리랑카로 이주할 생각도 해 보았다. 그런데 1973년, 샴에서 1958년부터 권좌에 있던 싸릿 타넘쁘라팟(Sarit-Thanom-Praphat) 군부 독재 정권이 무너졌다는 소식이 들려왔다. 그 후 타마삿(Thammasat) 대학 학장이었던 사냐 타마삭(Sanya Thammasak) 교수가 이끄는 문민정부가 들어섰는데, 그 결과 검열이 폐지되고, 노동조합과 농민조합, 학생회 설립이 가능해지고, 민주 헌법 제정이 시작되었다.

이는 태국 사람들뿐 아니라 직전에 인도네시아 독재정권으로부터 추방된 나에게도 아주 흥미진진한 시기였다. 나는 코넬이나 그 근처에서 유학한 태국 친구들을 많이 알고 있었고, 그중에서도 잠깐이지만 나중에 타마삿 대학의 학장을 역임한 찬윗 까셋시리(Charnvit Kasetsiri)와 아주 가까웠다. 마침 안식년이 되었기에 (1974~75년) 샴에 가서 언어도 배우고 새 연구 주제도 찾아보기로 했다.

샴에서의 생활은 1962~64년 인도네시아에 있던 때와는 완전히 달랐다. 이제 나이도 사십이 가까웠고, 아무 걱정 없는 학생이 아니라 아주 바쁜 대학교수였다. 타이어는 한 마디도 몰랐고, 샴의 역사나 문화에 대해서도 아는 게 별로 없었다. 하지만 가르치는 게 아니라 다시 배우는 입장이 되니까 좋았다. 매일 아침 나는 오토바이를 타고 방콕 시내에 있는 미국 대학 동문회관(AUA)에 가서 일본, 미국, 영국 등지에서 온 외국인들과 어학 강의를 들었는데, 늘 그렇듯이 남자보다는 여자들이 훨씬 더 빨리 배웠다. 실수를 해도 신경 안 쓰기 때문이라고 했다.

그런데 강의를 듣다 보니 전에는 별로 의식하지 않았던 사실이 눈에 띄었다. 바로 미국인들이 동남아시아 언어를 가르치는 방식이었다. 강의 내용은 거의 '우체국은 어디 있어요?', '이발

료는 얼마예요?', '아드님이 정말 귀엽네요.'처럼 일상생활에서
활용할 수 있는 표현들로 이루어져 있었다. 타이어 '독해'는 그
후에 나오거나, 원하는 학생만 들었다. 알고 보니 이유가 있었
다. 중년의 일본인 사업가를 빼고는 그 강의를 듣는 학생들 모
두 알파벳 이외의 글자를 배운 적이 없어서 타이 철자를 읽을
수 없었던 것이다.

학교는 타이 문학이나 타이어의 '아름다움'에 대해서는 아
무 관심 없었다. 유럽의 언어 교육과는 완전 딴판이었던 것이
다. 고전 라틴어와 그리스어는 실제로 사용되지 않는 '사어'였
기 때문에 우리 이튼 학교 학생들은 아주 수준 높은 문학작품
을 읽는 데만 몰두했다. 프랑스어, 독일어, 러시아어의 경우도
마찬가지였다. 나는 프랑스어를 읽고 쓰는 데는 능숙했지만 말
하는 것은 거의 초보 수준이었다.

미국 대학 동문회관에서 배운 것은 많았지만 늘 뭔가 미흡한
느낌이었다. 그래서 결국 친구들의 도움을 받으며 타이 책들을
읽기 시작했다. (이제 교수가 된) 찬윗, 그의 누나, 자형, 조카딸
들과 같이 산 것이 큰 도움이 되었다. 그들은 내 읽기 공부를 늘
도와주었다. 태국을 다룬 내 첫 저서 『거울 속에서: 미국 시대의
샴의 문학과 정치』(1985)를 쓸 때 내가 주로 당대의 태국 소설,
근본적인 사회·경제적 변화에 대한 문학의 반응, 현대의 정치적
갈등, 미국의 영향 등을 주로 다룬 것은 아마 그들의 영향도 있

을 것이다.

샴에서 지낸 그 첫해에는 진지하거나 집중적인 연구를 하기 힘들었다. 타이어 실력도 별로 없었고, 어학 강의 듣는 데 대부분의 시간과 정력을 바쳤기 때문이었다. 그래도 그 해에 나는 샴을 다룬 거의 모든 영어 자료를 자세히 읽었고 (당시에는 그런 자료가 그렇게 많지 않았다), 나중에 정치학 논문을 쓸 때 활용할 생각으로 여러 신문을 읽고 필요한 자료를 오려 두었다.

앞에서 말한 대로 1973년 후반부터 1975년 초까지 태국의 정치 상황은 그야말로 흥미진진했다. 거의 지속적으로 우익 군부가 집권하면서 국민들이 감내했던 억압이 처음으로 사라지고, 독재자들이 판금시켰던 중요한 좌익 서적들이 재간되면서 대환영을 받았다. 여러 정당이 등장했고, 그중 두세 개는 정도는 다르지만 좌익이었다. 거의 30년 만에 처음으로 자유선거가 치러졌고, 그때만 해도 자전거에 올라서서 유세를 한 아주 젊고 가난한 교사가 당선되기도 했다. 이런 일은 다시 일어나지 않았다. 전에 코넬에서 공부했던 내 친구들 중 사회학자인 분사농 푸뇨디아나(Boonsanong Punyodyana) 박사 등 몇 명이 유명 정치인이 되어 이런저런 진보 정당에 합류하기도 했다. 학생들은 좌익 쪽에서 정치적으로 아주 적극적이었다. '삶의 찬가'라는 새로운 종류의 대중음악이 등장해서 금세 유행을 탄 것도 이 시기였다.

그런데 그렇게 화창한 정치의 하늘에 두 개의 먹구름이 떠 있었다. 그중 아주 시꺼먼 쪽은 베트남에서 미국이 곧 패배할 거라는 전망이었다. 방콕에 주재 중인 미국 CIA 지소장은 만약 인도차이나 국가들이 공산화되면 1960년대 말부터 지방의 공산주의 게릴라들이 세력을 키워 온 태국도 넘어갈 거라는 말을 퍼뜨리고 다녔다. 상황이 이렇게 되자 왕족을 포함한 우익 세력들은 공황 상태에 빠졌다. 왕족들은 1975년 중반부터 점점 더 폭력적인 방법으로 좌익을 공격해 왔다.

두 번째 먹구름은 태국에 와 있는 미국인의 수였다. 당시 태국에는 5만 명 가까운 미군이 수십 개의 기지에 주둔하고 있었는데, 이 기지들은 주로 라오스, 베트남, 캄보디아의 공산당 장악 지역을 폭격하고 우익 집단들을 지원할 목적으로 세워진 것이었다. 기지들이 들어서면서 곧 헤로인 중독자가 늘어나고, 원치 않는 혼혈 아기들이 태어나고, 전례 없이 큰 규모의 조직화된 매춘이 이루어지고, 대중문화가 미국화 되는 등 여러 가지사회적 파장이 나타났다. 태국인들은 미국과 (경쟁적이면서도) 밀접한 관계를 맺고 있는 일본 기업들에 대해 불매 운동을 벌이고, 초대형 마사지 업소를 포함한 일명 '섹스 관광' 사업에 투자한 일본 측을 비난하기도 했다.

이런 상황에서 좌익이나 우익 어느 한 편에 한정되지 않는 새로운 종류의 강렬한 민족주의가 등장했다. 온건한 보수주의자인 꾸끄릿 프라못(Kukrit Pramoj) 수상은 이들의 압박에 못 이겨 모든 미군을 철수시키고 '공산' 중국과 외교 관계를 수립했다.

내가 미국으로 돌아온 후, 점점 더 많은 진보적 노동운동이나 농민운동 지도자들, 좌익 학생들, 심지어 온건한 좌익 정치인들이 암살되고, 코넬에서 학위를 한 온건한 태국 사회당의 사무총장 분사농 박사 역시 1976년 봄 교외에 있는 자택 밖에서 총에 맞아 세상을 떠났다. 결국 그 해 10월 6일, 왕실의 후원을 받은 사복 차림의 국경 경찰과 우익 폭력배들이 타마삿 대학을 공격해 백주 대낮에 수십 명의 청년들을 학살하면서 좋은 시절은 끝이 났다. 군부가 온건한 문민정부를 무너뜨렸고, 왕실과 아주 가까운 부장판사가 이끄는 과격파 정권이 정부를 장악했다. 수백 명이 체포되고, 수천 명이 시골로 피신해 공산주의 게릴라들과 합류했다.

당시 『뉴욕타임스』에 강력한 항의 서한을 보내기 위해 미국에 있는 태국 전문가들에게 연락해 보았지만 단 한 사람도 도와주지 않았다. 존경하는 스승 카힌, 나처럼 인도네시아 연구자인 댄 레브(Dan Lev), 동남아시아의 농민 저항 운동에 대해 탁월한 비교 연구를 시작한 예일 대학의 짐 스콧(Jim Scott), 중국 전문가인 제롬 코언(Jerome A. Cohen)만이 뜻을 같이 해주었다. 대부분의 전문가가 태국에서의 학살에 분노를 느꼈겠지만, 자기들이 사랑하는 샴에 입국할 수 없게 될까 봐 입을 열지 못했을 것이다. 그로부터 불과 몇 년 후 수하르토가 포르투갈 식민지였던 동티

모르를 병합하기 위해 유혈 사태를 일으켰을 때 나도 비슷한 교훈을 얻었다. 미국의 인도네시아 연구자 중 그 사태에 대해 조금이라도 비판적인 글을 출판한 학자는—같은 이유 때문에—얼마 되지 않았다. 나는 '다행히' 이미 인도네시아에 입국 금지당한 처지였기 때문에 동티모르를 위해 글도 쓰고 로비도 할 수있었다.

하지만 역사에는 언제나 뜻밖의 일들이 존재한다. 나는 샴에서 추방될 거라고 생각했고, 특히 「금단 증상들: 1976년 10월 6일 쿠데타의 사회·문화적 측면」[12]이라는 길고 비판적인 분석을쓴 후에는 틀림없이 그럴 거라고 생각했지만, 그런 일은 일어나지 않았다.

1977년, 끄리앙삭 초마난(Kriangsak Chomanan)이 이끄는 온건파 장성들이 타닌 크라이빅시안(Thanin Kraivixian) 판사의 과격파 정권을 전복시킨 후, 곧바로 전쟁에서 승리한 월맹과 외교 관계를 수립하고, 덩샤오핑을 방콕에 초대하고, 정치범들을 석방하고, 무기를 버리고 항복하는 게릴라는 누구든 완전히 사면하겠다고 선포했다. 방콕, 그리고 분명히 왕실 측은, 끄리앙삭이 자

---

12 (원저자 주) 『관심 있는 아시아 학자들 회보Bulletin of Concerned Asian Scholars』 9:3 (1977년 7월~9월), pp. 13~30쪽. 그 글의 후속으로 뒤늦게 펴낸 『거울 속에서: 미국 시대의 샴의 문학과 정치』 (방콕: 둥 카몬Duang Kamon 출판사, 1985)가 샴에 대해 내가 쓴 유일한 책이다.

택에서 직접 요리를 해서 타마삿 학살 후 체포된 소위 '방콕의 18인'이라는 젊은 정치범들을 대접하는 사진이 신문에 났을 때 깜짝 놀랐을 것이다. 이들은 우익 폭력배들이 교수형에 처한 두 명의 노동자들을 다룬 연극을 올렸는데, 폭력배들은 그 노동자들의 얼굴이 황태자처럼 보이게 분장되었다고 주장했다.

그런데 1978년에 베트남이 캄보디아를 침공하고, 폴 포트(Pol Pot)[13] 정권이 무너지고, 중국이 파렴치하게 북베트남을 침공하려다 실패하자 게릴라들의 연대감과 자신감이 많이 약화되었다. 게릴라 진영으로 피신했던 대학생들은 대부분 끄리앙삭의 사면 제안을 받아들였다. 코넬의 동남아시아 프로그램은 이 사태의 덕을 보았다. 이 '복학생들' 중 학문적으로 아주 뛰어난 몇 명이 1980년대 초에 우리 대학원에 유학을 왔기 때문이다. 그즈음 태국의 공산당이 무너지고 온건 보수파가 정권을 잡았다. 그 뒤로 샴에는 단 한 명의 좌익도 존재한 적이 없다.

'어쩔 수 없이' 샴에 갔던 것처럼, 나는 '어쩔 수 없이' 상대주

---

13 폴 포트(Pol Pot, 1925~98): 캄보디아의 정치가. 프놈펜 기술학교를 졸업하고 1949~53년 프랑스에서 유학. 귀국 후 반정부 투쟁에 가담. 1960년 공산당 창당대회에서 중앙상임위원에 선출됨. 1975년 중국을 방문한 뒤 1976년 당 대회에서 서기로 재선됨. 그 해 4월 중국의 지원을 받아 민주캄보디아의 총 리가 됨. 1975년 정권을 잡은 폴 포트와 공산주의 반군 크메르 루주는 1979 년까지 4년 동안 화폐, 교육, 사유재산, 종교를 금지시키고, 무려 200만 명 의 지식인과 부유층을 학살했음("킬링 필드").

의적인 사고를 하게 되었다. 샴에서 보는 모든 것이 인도네시아에 대해 새로운 의문을 제기하게 만들었던 것이다. 샴은 법적으로 식민화된 적이 없고, 그 정치 문화는 군주제에 불교적이고 전반적으로 보수적이었다. 인도네시아는 오랫동안 식민지였고 주로 회교도 국가였으며 공화주의적이고 1965년까지는 일반적으로 좌익이었다. 인도네시아는 또 국민 대부분이 긍지를 느끼는 민족주의적 전통을 갖고 있는 반면, 샴은 그런 전통이 거의 전무했다. 이 두 국가를 어떤 틀을 이용해서 어떻게 비교할 것인지, 그게 문제였다. 내가 마흔여덟이던 1983년에 나온 『상상의 공동체』 제1판은 바로 이 두 '현장 연구' 경험의 산물이었다.

1964년 인도네시아에서 코넬로 돌아온 후 필리핀에 대해 본격적으로 관심을 갖게 되었다. 내가 교수가 된 즈음(1967년) 조엘 로카모라(Joel Rocamora)가 아주 특이한 주제를 가지고 코넬에 들어왔다. 그때만 해도 동남아 학생이 자국 아닌 다른 나라를 연구하는 경우는 들어본 적도 없었다. 그런데 이 젊은 필리핀 민족주의자는 수카르노와 유서 깊은 인도네시아 민족주의 운동에 심취했을 뿐 아니라 그가 실각하기 전 그 나라를 직접 방문하기까지 했다. 카힌은 이미 지도 학생이 너무 많았기 때문에 내게 이 학생을 맡으라고 했다. 조엘과 나는 거의 동년배였기 때문에 금방 가까워져서 자주 인도네시아어로 대화하곤 했다. 자유분방했던 1960년대 후반, 조엘은 나와 온갖 파티에 같이 갔고 마리화나를 권해 주기도 했지만 아쉽게도 내게는 전혀 효과가 없었다. 하지만 파티는 효력이 있었다. 나도 춤을 출 수 있다는 걸 깨닫게 해준 것이다. 그건 대단한 발견이었다. 조엘 덕분에 나는 다른 필리핀 학생들을 알게 되었고, 그 나라의 역사와 정치에도 관심을 갖게 되었다. 인도네시아 민족주의당을 다룬 그의 뛰어난 박사 논문을 지도할 수 있어서 정말 뿌듯했다.

지금 생각해 보면 필리핀에 대한 내 현장 연구는 1972년, 인도네시아로 가는 길에 두 주일 동안 필리핀에 머물 때 시작되었다. 당시 페르디난드 마르코스의 헌정 임기가 끝나는 시점이었고, 다들 그가 (그다음 해 9월에 실제로 그렇게 했지만) 종신 독재를 시작할 거라고 생각하고 있던 참이라 긴장이 감돌았다. 로카모라는 사촌 프란시스코 네멘조(Francisco Nemenzo)를 만나게 해주었는데, 그는 영국에 있을 때 내 동생 로리를 만난 적이 있다고 했다. 그때 네멘조는 아직은 합법적이었던 구 공산당의 청년 지부 대표였다. (필리핀 대학의 교수 호세 마리아 시손(José Maria Sison)은 그 당을 떠나 지하 마오당과 꽤 비중 있는 게릴라군을 양성했다.) 그는 일본 점령기에 반일 좌익 훅발라합(Hukbalahap) 게릴라의 주요 거점이었고 아직 구 공산당 세력이 강한 빰빵가 주 카비아오(Cabiao, Pampanga)에서 이틀 밤을 보내고 가라고 했다. "거기 가면 뛰어난 혁명군들을 만날 수 있을 거예요. 아마 간부들을 위해 강연을 해달라고 할 걸요." 그러면서 두 명의 친절한

10대 소년을 붙여 주었다. 우리는 '안전'을 위해 밤에 북쪽으로 이동했다.

필리핀 시골 마을에서 보낸 첫 밤은 정말 인상적이었다. 그들은 나를 아주 반갑게 맞아 주었고, 우리는 술잔을 주고받으며 자정이 넘도록 대화를 이어갔다. 혁명군들은 영어를 조금 할 줄 알았고, 두 소년이 열심히 통역도 해주었다. 주로 옛날 이야기였는데, 인도네시아어나 자바어 같아 보이는 단어들이 자주 등장했다. 그래서 뜻을 물어보면 거의가 인도네시아어 단어와 같은 의미였다. 그래서 다들 깜짝 놀랐고, 분위기가 더 고조되었다. 다음날 나는 엄청나게 긴장한 상태에서 강연을 했다. 나는 수하르토가 인도네시아 공산당원들을 학살한 사건에 대해 얘기하고, 마르코스도 같은 짓을 저지를 것 같다는 말을 덧붙였다. 필리핀의 좌익들도 조심해야 한다는 취지였는데, 다들 공감하는 눈치였다. 그 날 저녁 또다시 즐거운 시간을 보내고 두 소년과 나는 조용히 마닐라로 돌아왔다. 몇 년 후 전해들은 바로는, 이 두 소년은 안타깝게도 네멘조가 구 공산당에서 탈퇴했을 때 당의 지시로 혁명군에 의해 살해되었다고 한다.

마르코스가 권좌에 있는 한 나는 필리핀에 돌아갈 생각이 없었다. 그런데 1972년 9월 로카모라가 체포되었다. 한동안 감옥에 있던 그는 얼마 후 유태계 미국인인 장인의 친구인 미 상원 외무위원장의 로비 덕분에 어렵게 풀려났고, 미국으로 돌아가

시손이 창립한 마오이스트 신 공산당을 위해 열심히 뛰었다. 그리고 나중에는 한동안 그 당의 간부로 일하기도 했다. 그래서 우리는 연락을 주고받았을 수 있었고, 그는 필리핀의 정세를 자세히 전해 주었다.

1980년대 중반, 새로 들어온 우수한 대학원생 중 상당수가 마르코스가 곧 실각할 거라는 생각에 필리핀을 연구하고 있었다. 그리고 1986년 2월 그가 실각하자 학생들은 마닐라로 달려갔다. 당시 샴은 정치적으로 아주 조용해졌고, 나도 한동안은 그 나라에 대해 쓰고 싶지 않았다. 그래서 잠깐 시간을 내서 친구들도 찾아보고 현장 연구를 막 시작한 학생들도 살펴보려고 두 번째로 필리핀을 방문했다. 그런데 막상 가보니 그 나라에 대해 진지하게 연구하고 싶다는 생각이 들 정도로 흥미진진했다.

거기에는 이론적인 이유도 있었다. 필리핀은 인도네시아와 언어적으로 깊은 관계가 있었고, 공화국이고, 민족주의와 혁명의 전통도 길었지만, 중요한 두 측면에서 뚜렷하게 달랐다. 첫째는 종교였다. 지난 400년 동안 필리핀 거의 전역에서 로마 가톨릭교가 깊이 뿌리를 내리고 있었다. 나는 로마 가톨릭교를 믿는 아일랜드 출신이었기 때문에 그 점이 좋기도 하고 싫기도 했다. 우리 부모님은 가톨릭교도가 아니었지만, 아주 보수적인 형태의 가톨릭교가 아일랜드 전체를 완전히 지배하고 있었다. 그것도 있고, 우리 집에 있던 교황 9세가 내린 코담배통 때문에도 가톨릭교가 친숙하기는 했지만, 좋아하는 마음은 전혀 없었다. (주로 작가들이지만) 내가 존경하는 아일랜드인들은 신교도나 무신론자였다. 하지만 동남아에 있는 아일랜드의 '사촌'을 연구해 보면 아주 흥미로울 것 같았다!

두 번째 차이는, 필리핀은 가톨릭 국가이며 19세기에 무너진 유일한 유럽 제국인 스페인과, 신교 국가이며 신 강대국인 미국 등 완전히 다른 두 제국에 의해 두 번이나 식민화되었다는 것이다. 난 미국에 살았으니 미 제국주의의 형태와 그 결과를 연구해 보면 괜찮을 것 같았다.

1987년, 쉰한 살의 나는 코넬의 뛰어난 교수님들 밑에서 어려운 타갈로그어를 배우기 시작했다. 50대에 외국어를 배우는 건 쉽지 않다. 지금도 나는 타갈로그어를 쉽게 읽지 못하고, 회화 역시 상당히 기초 단계일 뿐이다. 그래도 재미있기는 했다. 그 이듬해, 5년 동안 코넬의 동남아시아 프로그램의 디렉터로 일한 후 나는 18개월의 휴가를 얻어 처음으로 필리핀을 본격적으로 연구하러 떠났다. 그런데 이제 미국의 식민주의나 제국주의에 대해 쓸 자신이 없어졌다. 거의 모든 '미국' 연구가 미국의 식민 지배와 그 결과를 다루고 있었다. 미국 학자들은 복잡한 민족주의적 이유와 언어학적 이유로 이런 연구를 하고 싶어 했다. 미국이 필리핀을 식민화하긴 했지만 다른 나라들보다는 덜 가혹했다고 생각했기 때문이다. 필리핀 학자들도 비슷한 이유로 식민지 시대를 연구했지만 그들의 경우에는 점점 더 강해지는 반미적 민족주의 정서에 부합하려는 측면도 있었다. 그 밖에는 주로 내가 읽을 수 없는 언어로 작업하는 몇몇 일본학자들이 있을 뿐이었다. 이 주제에 관심을 가진 스페인 학자는 거의 없었다.

1957년 스페인 북해안에서 프랑코 자경단에 의해 경범죄로 체포되었던 그 날 이후로 나는 늘 스페인을 다룬 책을 즐겨 읽었고 그 언어를 배우고 싶어 했다. 동남아시아에 대해 처음 가르친 대학원생 시절부터 나는 학생들에게 19세기 후반의 대가 호세 리살(José Rizal)의 소설을 영어 번역본으로 읽히곤 했다. 이제 허비한 시간을 만회할 기회가 왔다. 20년 전 네덜란드어를 배우려고 『자바의 민속 공연예술 *Javaanese Volksvertoningen*』[14]을 읽었듯이, 스페인어 사전을 갖고 리살의 『내게 손대지 마라 *Noli Me Tangere*』와 『체제 전복 *El Filibusterismo*』을 한 줄 한 줄 읽다 보면 (회화는 몰라도) 책을 읽을 실력은 생길 것 같았다. 라틴어와 프랑스어를 알고 있었기에 스페인어 공부는 그다지 어렵지 않았다.

내가 필리핀에서 수행한 현장 연구는 기본적으로 역사적인 내용이어서 마닐라의 여러 도서관에서 많은 시간을 보냈다. 당시 나는 무엇보다도 먼저 아시아 최초의 무장 민족주의를 선도

---

14 테오도르 삐고(Theodoor Pigeaud, 1899~1988)의 저서로, 1938년 바타비아(Batavia)에서 출간됨.

한, 스페인어를 사용한 위대한 지식인 및 운동가 세대의 사상과 정서를 이해하고 싶었다. 이처럼 역사적인 주제에 초점을 두고 있었어도 탐색과 모험에 대한 열정을 잃지는 않았다. 그리고 정말 운 좋게도 내가 볼 때 19세기 필리핀에 대한 살아 있는 백과사전인 암베스 오캄포(Ambeth Ocampo)의 지도를 받을 수 있었다. 우리는 루손(Luzon)에 있는 유명한 유적지는 물론, 별로 알려지지 않은 유적지까지 정말 많은 곳을 돌아다니며 역사적 사건의 현장을 직접 보았다. 그때나 지금이나 오캄포는 정치뿐 아니라 건축, 회화, 시, 민속 문화, 음식, 전통 관습, 위조, 종교, 살인 등 정말 다양한 분야에 관심을 갖고 있다. 그리고 그때나 지금이나 스페인어를 완벽하게 구사한다. 그리고 나중에는 헨리 나보아(Henry Naboa)와 같이 필리핀 전역을 돌아다녔는데, 그는 정규 교육은 거의 못 받았지만 머리가 정말 좋고, 나로 하여금 보통 사람들의 일상생활을 이해하게끔 이끌어 주었다.

그즈음 현장 연구의 근본적인 특징을 깨달았는데, 그것은 바로 '연구 주제'에만 매달리는 건 무익하다는 사실이었다. 연구자는 모든 것에 관심을 갖고, 눈과 귀를 단련하고, 모든 것을 기록해야 한다. 이것이 바로 현장 연구의 장점이다. 낯선 곳에 있으면 모든 감각이 평상시보다 훨씬 더 예민해지고, 비교에 대한 욕심도 더 커진다. 현장 연구가 귀국한 후에도 그처럼 유용한 것은 바로 이 때문이다. 그런 경험을 하고 나면 관찰력과 비교 능력이 향상되기 때문에, 유심히 보고, 늘 비교하고, 인류학자로서의 거리를 유지한다면 우리 자신의 문화 역시 다른 나라 못지않게 아주 특이하다는 사실을 깨닫게 될 것이다. 내 경우를 보면, 나는 생전 처음으로 미국이라는 나라, 현실적인 미국에 대해 흥미를 느끼기 시작했다.

나도 그렇지만 학자들은 자기가 처음 현장 연구를 한 지역이나 나라, 도시, 마을에 정기적, 비정기적으로 돌아가는 경우가 많다. 그리고 그런 경우 대개는 그 곳에 대해 더 넓고 깊은 지식과 새로운 관점을 얻게 된다. 혹시 누가 처음 현장 연구한 곳에 돌아갈 수 없으면 어떻게 하느냐고 물으면 나는 그러면 그 지역에 있는 다른 나라에 가보라고 한다. 내게는 샴과 필리핀이 그런 나라였다. 그리고 내가 인도네시아와의 연관을 유지해 온 비결을 물으면 다섯 사람 덕분에 그럴 수 있었다고 대답한다.

그중 첫 번째는 (보르네오) 중앙 칼리만탄의 나쥬 데약(Ngadju Dayak)족 출신인 벤 에이블(Ben Abel)인데, 그는 지금까지도 막역한 친구이다. 벤은 특이하고 불운한 상황에서 코넬에 오게 됐다. 원래 그는 출신 지역 대학의 경제학과 학생이면서, 글재주가 있어서 거기 교회 목사의 조수로 일하고 있었다. 그러던 어느 날 (상당 부분) 목사의 지시로 엉가주족에 대해 박사 논문을 쓰고 있는 코넬대 인류학과 학생을 도와 번역과 연구 보조를 하게 됐다. 얼마 후 이 학생은 벤과 결혼을 하고 미국으로 데리고 왔다. 미국에 온 벤은 한동안 주유소 직원으로 일했는데, 안타깝게도 이혼을 당하고 심한 우울증에 빠지게 되었다. 그래서 내가 코넬대 대학원 도서관에 있는 에콜스 동남아시아 자료실에 자리를 구해 주었는데, 벤에게는 그야말로 안성맞춤이었고, 그는 이 기회를 이용해 매일 쏟아져 들어오는 인도네시아 관련 자료들을 닥치는 대로 읽었다. 그는 인도네시아의 거의 모든 측면에 관심이 있었기 때문에, 그 나라 안팎에 있는 여러 인사 및 정보통들과 거대한 인맥을 구축했다. 내 생각에 벤은 동남아 관련 자료에 대해서는 현재 세계에서 가장 유명한 사서이다.

벤은 그 후 재혼해 아주 행복하게 살고 있다. 인도네시아계 환경학자인 그의 아내 이블린 퍼레티(Eveline Ferretti)와 벤은 우리 옆집으로 이사와 독일-인도네시아-미국계의 귀여운 개구쟁이 아들 둘을 낳아 기르고 있다. 그는 내게 늘 인도네시아 소식을 전해 주고, 칼리만탄에 대해 알려주고, 수많은 아이디어와 단서를 주고 있다. 벤은 또 교토대 동남아연구소의 후원으로 일본에서 반년간 머물면서 연구도 하고, 이 분야에 관심을 가진 일본인 학자와 학생들을 만나기도 했다.

나를 도와준 두 번째와 세 번째 사람은 바로 베니와 유디 형제다. 나는 이들을 입양해 미국으로 데려다가 고등학교 고학년부터 대학까지 가르쳤다. 둘은 내 학창시절 친구의 아들로, 아이들이 영어를 유창하게 하기 전에는 오랫동안 나는 늘 집에서 인도네시아를 썼고, 덕분에 내 인도네시아어 실력이 유지될 수 있었다. 이들을 통해 나는 수하르토 치하의 소도시에서 자란 아이들이 어떤 경험을 하고 어떤 생각을 했는지 어느 정도 알게 되었는데, 이들이 아니었으면 그럴 수 없었을 것이다. 우리는 오랫동안 행복하게 살아왔고, 두 아이 덕분에 인도네시아에 대한 내 깊은 애정도 그대로 유지될 수 있었다.

네 번째와 다섯 번째 친구는 바로 베를린의 '영원한 학생들' 삐삣 로치얏 카르타위자야(Pipit Rochijat Kartawidjaja)와 (평상시 '코망Komang'이라고 불리는) 이 구스띠 엔조르만 아리아나(I Gusti Njoman Aryana)이다. 내가 그들을 처음 만난 건 1980년대였는데, 둘은 1965년 10월에 있었던 끔찍한 '쿠데타'와 그 결과에 대한 내 강연을 듣기 위해 차로 암스테르담까지 먼 길을 온 적이 있다. 그 날 두 사람의 옷차림이 단연 눈길을 끌었다. 삐삣은 완전 검은 옷으로 차려입고, 얼굴에는 노련한 말썽꾼 특유의 짓궂은 미소를 띠고 있었다. 잘생긴 발리인의 용모를 지닌 코망은 (코망은 발리어로 '셋째 아이'라는 뜻이다) 길고 부스스한 검은 머리, 수염, 콧수염 때문에 19세기 후반의 무정부주의자나 20세기 초의 볼셰비키 (나중에 우리는 그를 '아리아노비치'라고 부르곤 했다) 같아 보였다. 두 사람은 내게 베를린에 와서 비슷한 강연을 해 달라고 요청했고, 나는 거기서 그들과 더 가까운 사이가 되었다.

그때는 아직 소비에트와 동독이 건재했고 독일이 통일되기 전으로, 당시 베를린은 여전히 벽으로 분단되어 있었고, 붕괴되어 가는 동독 내에서 유일하게 활기 넘치는 특이한 도시였다. 베를린은 서독에서 멀리 떨어져 있고, 미래도 불투명했기 때문에 정치가나 사업가들의 발길이 뜸했고, 그 결과 학생들이 많이 살고 있었다. 얼마 되지 않는 돈으로도 전쟁 전에 지어진 대저택의 한 층 전체를 빌릴 수 있었고, 그중에서도 코망이 독일 부인과 살고 있는 방이 여럿 있는 장려한 저택에는 반정부 성향의 인도네시아 학생들이 늘 드나들었다. 반면에 수하르토 독재 정권 사람들은 국가 기밀기관인 인도네시아 중앙정보국(Bakin)의 첩보원이 대표로 있고 직원 수도 얼마 안 되는 영사관의 부패한 직원들 몇 명뿐이었다.

코망의 지원하에 삐삣은 수하르토 정권에 대항하는 무력 항쟁 세력 중 유일하게 성공적인 집단을 조직하고 이끌었다. 영사관이 반정부적인 학생들을 압박하기 위해 여권 갱신을 계속 미루자 삐삣은 결혼한 친구의 아기를 안고 와서 한참 굶긴 다음 영사관에 데리고 갔다. 그런 다음 아기의 엉덩이를 살짝 꼬집자 배도 고픈데 아프기까지 한 아기가 요란하게 울어댔고, 영사관 직원들은 너무 시끄러운 나머지 그 학생들의 여권을 바로 갱신해 주었다. 한 번은 누군가가 연일 한밤중에 전화를 걸어 위협을 가하자 삐삣은 새벽에 영사와 그 부인에게 각각 전화를 걸어 배우자의 불륜 사실을 알려 주었다. 그러자 더이상 위협적인 전화가 오지 않았다.

두 청년은 또 동지들과 함께 수하르토 일당에 대한 소식과 외설적인 농담을 가득 담은 등사판 신문을 찍어서 먼저 영사관 직원들에게 보내고 (그들에게는 정말 인기 있는 읽을거리였다), 그다음에 영사 본인에게 발송했다. 그때도 그렇지만 지금도 삐뼷은 놀라울 만큼 용감하고 재능 있는 풍자작가다. '어떤 말이든 할 수 있다'고 믿고, 그 믿음을 실행에 옮길 용기를 지닌 사람이다. 정중한 인도네시아어, 자카르타 속어, 자바 구어를 뒤섞고, 와양(wayang) 그림자극 전통, 인도네시아 화교들의 무술 만화, 분변학(糞便學), 대담한 성적 농담을 활용한 삐뼷의 기사들을 읽으며 친구들은 배꼽을 쥐었고, 영사관의 적들은 처벌은 못했지만 너무 화가 나서 치를 떨었다.

그중에서 가장 중요한 글은 나중에 내가 영어로 번역한 「나는 공산당[15]인가, 아닌가?」였다. 이 강렬한 자전적 수필에서 삐뼷은 많은 블랙 유머를 곁들이며 1965년 좌익 학살과 관련된 개인적 경험을 다루고 있다. 자상한 성격의 부친은 이슬람교도로 동자바에 위치한 대규모 국영 설탕농장의 관리자였는데, 공산당원들이 이끄는 설탕 노조원들로부터 많은 고초를 겪었다. 부

---

15 PKI: 인도네시아 공산당

친을 정말 사랑했던 10대의 삐삣은 공산당원들은 물론 1965년 가을에 주민들을 학살한 고교 동창들에게 깊은 원한을 품고 있었다.

그리고 그 경험은 늘 그의 머릿속에 남아 있었다. 기사에서 삐삣은 어느 날 그 동네 유곽의 대문에 공산당원들의 성기가 못 박혀 있는 걸 보고 단골들이 발을 끊었던 일, 어릴 때 살던 케디리 마을을 흐르는 브란타스 강에 훼손된 시체들이 산더미처럼 쌓인 뗏목이 지나가던 광경을 묘사하고 있다.[16] 그는 애초에 전기공학을 공부하러 독일에 왔지만, 온 지 얼마 안 됐을 때 과격한 독일 학생들의 영향으로 학업을 중단하고 수하르토의 독재를 공개적으로 비판하는 일에 뛰어들었다. 나중에 그는 독일사회당 친구들과의 친분을 이용해 영사관 직원들의 제재를 받는 반체제 학생들을 돕곤 했다.

삐삣, 코망, 그리고 그의 친구들을 만난 것은 정말 대단한 일이었다. 우리는 금세 친해졌고, 지금도 여전히 가깝게 지내고

---

16 인도네시아 학살(Pembantaian di Indonesia): 1965년 9월 30일 좌익단체의 쿠데타가 미수로 끝난 후 1966년 초까지 공산주의자, 화교, 좌익 혐의를 받은 100만 명 이상의 국민이 자경단과 군인에 의해 학살당한 사건. 인도네시아 정부 및 군부가 조장 및 선동한 혐의를 받고 있음. 이 사건으로 인도네시아 공산당(PKI)이 몰락하고, 대통령 수카르노가 실각했으며, 수하르토의 30년 독재가 시작되었음.

있다. 나는 두 사람으로부터 인도네시아어로 좋은 글을 쓰는 법을 배웠고, 그들처럼 여러 방언을 섞어 풍자적인 글을 쓰기 시작했다. 그 당시 정치 상황 때문에 우리는 모든 정치적인 글을 성적인 언어로 쓰고, 성적인 글을 정치적인 언어로 쓰기로 했다. 그래서 예컨대, 1980년대 중반에 인도네시아 국군의 총사령관이었던 베니 모르다니(Benny Moerdani) 장군에 대한 기사를 쓸 때, 우리는 그가 인도네시아의 부통령이 될 수도 있다는 생각을 하자 '발기가 되었다'고 썼다. 그래서 나도 한때 인도네시아의 한 주간지에 풍자 칼럼을 썼지만, 얼마 안 가 군 정보기관이 그 잡지를 폐간시켜 버렸다.

1967년, 인도네시아 공산당의 마지막 서기장인 수디스만(Sudisman)이 마침내 체포되어 고등군사법원에서 사형을 언도받았다. 나는 매일 그 재판을 참관했고, 그의 용기와 품위, 최종 변론에 깊은 감명을 느꼈다. 그래서 그 변론을 구해 영어로 번역한 다음 곧바로 호주에서 출판했다. 그중 한 대목에서 서기장은 신랄한 어조로 장군으로 승진하지 못한 여러 대령을 '이끼 대령들'이라고 부르고 있다.

이 다섯 명의 남성과 소년들을 통해 나는 많은 것을 알게 되었고, 그들 덕분에 우정과 '부성애', 정치적 연대를 경험할 수 있었다. 인도네시아 당국은 지난 27년 동안 내 입국을 막았지만, 이 친지들 덕분에 나는 유익한 '현장 연구'를 계속할 수 있었고,

그 과정에서 학자들에게는 그처럼 깊고 지속적인 우정만큼 소중한 건 없으며, 그런 경험이야말로 도서관에 틀어박혀 논문이나 읽는 것보다 훨씬 낫다는 걸 깨달았다.

제4장

비교의 틀

내가 코넬에 처음 왔을 때는 '비교'라는 개념이 별로 자주 등장하지 않았다. 비교하는 일이 없었다는 게 아니다. 의식적이든, (더 많은 경우) 무의식적이든 사람들이 뭔가를 비교하는 일은 많았지만, 항상 실제적이고 그 범위도 작았다는 뜻이다. 지금도 코넬 인문대학에서 '비교'라는 말이 들어간 이름을 가진 학과는 하나뿐인데 (비교문학과), 내가 인도네시아로 현장 연구를 하러 간 1960년대 초에는 이 학과가 존재하지 않았다.

역사학자, 인류학자, 경제학자, 사회학자들 중 비교에 대해 체계적으로 생각하는 사람은 거의 없었다. 정치학과는 좀 달랐는데, 학과 안에 '정부 비교론'이라는 전공이 있고, 내가 바로 그 전공 소속이었다. 하지만 나와 우리 전공 학생들이 하는 비교는 주로 서유럽에 한정되어 있었다. 그럴 수밖에 없었다. 유럽 국가들은 수백 년 동안 서로 교류해 왔고, 서로로부터 배웠으며, 서로 경쟁하는 관계였다. 그들은 또 자신들이 고전 문명과 여러 종류의 기독교에 기초한 공통의 문화를 갖고 있다고 생각했다. 그래서 서유럽 국가들을 비교하는 것은 적절하고 단순해 보였다.

나로서는 정부 비교론에서 미국이 빠진 건 좀 이상해 보였다. 미국은 미국 정부를 다루는 또 다른 전공의 소관이었기 때문이다. 어찌 보면 이렇게 전공을 나누는 건 현실적으로는 괜찮아 보였다. 정치가, 관료, 법조인 같은 직업을 지망하는 학부생들은 대부분 미국의 정치를 다루는 과목을 듣고 싶어 했기 때문이다. 이는 어느 나라든 마찬가지다. 코넬의 정치학과에는 그런 이유 때문에 미국 전공 교수가 가장 많았다. 또 다른 이유가 있었는데, 그것은 바로 소위 '공식적인 민족주의'에 기인하는 '우물 안 개구리'식 사고방식이었다. 미국은 멕시코와 캐나다 사이에 위치해 있었지만, 우리 대학에 이 두 나라의 정치를 다루는 과목은 하나도 없었다. 그리고 내가 은퇴한 2001년까지 멕시코 대통령이나 캐나다 수상의 이름을 아는 학생은 거의 없었다.

미국 민족주의의 핵심적인 신화 중 하나가 바로 '예외주의', 즉 미국의 역사, 문화, 정치는 본질적으로 비교할 수 없다는 생각이다. 미국은 유럽이나 남미와 다르고, 아시아와도 전혀 다르다는 것이다. 말할 필요도 없지만, 이건 말도 안 되는 생각이다. 어느 시대, 어느 나라와 비교하느냐에 따라 다르겠지만, 미국은 얼마든지 비교 가능하고, 특히 유럽, 남미, 일본, (캐나다,

호주, 뉴질랜드, 남아프리카 등) 영국령과는 비교할 거리가 아주 많다. 이런 사고방식의 또 다른 측면은 바로 미국인들의 마음 속에 깊이 뿌리박고 있는 지역주의다. 그런 이유 때문에 연구 자들은 미국의 정치를 다른 나라의 정치와 비교하는 것을 그토 록 싫어했다.

그 밖에 다른 이유가 두 가지 더 있다. 첫째는 미국 정치학계 의 역사이다. 이 역사의 명백한 잔재 중 하나가 바로 (하버드, 코 넬을 위시해) 정치학과를 정부학과라고 부르는 대학이 아직도 많다는 사실이다. 이 학과들은 정치의 실질적인 측면을 주로 다 루는 법학(주로 헌법)과 행정학과가 결합해서 만들어졌다. 유 럽의 정치학과들은 전혀 그렇지 않다. 그쪽은 마키아벨리, 스미 스, 콩스탕[1], 리카르도, 헤겔, 마르크스, 토크빌, 베버로 이어지 는 위대한 전통에 바탕을 둔 철학, 사회학, 경제학, 정치학과가 합해져서 정치학과가 되었기 때문이다. 우리 코넬대의 정치학 과에는 정치이론이라는 전공이 있었는데, 이 전공과목들은 주

---

1 뱅자멩 콩스탕(Henri-Benjamin Constant de Rebecque, 1767~1830): 16세기 위그 노 전쟁 때 스위스로 피신한 프랑스 가문에서 태어난 콩스탕은 자전적인 서한체 소설 『아돌프*Adolphe*』(1816)로 유명한 소설가이자, 장 자크 루소와 임마누엘 칸트의 영향을 받은 정치철학자로, 20세기 들어 여러 나라에 전 체주의 정권이 들어서면서 기본권과 표현의 자유를 중시한 그의 정치철학 이 다시 관심을 끌게 되었고, 그의 저작들이 재간되었음.

로 유럽 출신 교수가 가르쳤다. 그분은 플라톤부터 마르크스까지 여러 학자의 이론을 가르쳤지만 미국 학자들에 대해서는 전혀 가르치지 않았다.

두 번째 이유는 바로 미국인들의 성향이다. 미국인들은 현실적이고 실용적이기 때문에 거창한 이론을 별로 좋아하지 않는다. 철학(비트겐슈타인, 하이데거, 데리다, 푸코, 하버마스, 레비나스 등), 역사(블로흐, 브로델[2], 홉스바움, 니덤[3], 엘리오트), 사회학(모스카[4], 파레토[5], 베버, 짐멜[6], 만[7]), 인류학(모스[8], 레비-스트로스, 뒤몽[9], 말리놉스키, 에번스 프리처드[10]), 또는 문학 연구(바흐친, 드 만) 등, 사회과학이나 인문학에서 20세기에 두각을 나타

---

2 페르낭 브로델(Fernand Braudel, 1902~85): 프랑스의 역사가, 교육자. 「아날 Annales」지 편집인. 주저는 『물질문명과 자본주의 읽기』.

3 조지프 니덤(Joseph Needham, 1900~95): 영국의 생화학자, 과학사가. 주요 저서는 『화학적 발생학』, 『중국의 과학과 문명』.

4 가에타노 모스카(Gaetano Mosca, 1858~1941): 이탈리아의 정치학자, 정치가, 종신상원의원. 대학에서 헌법학을 강의했고, 저서로 『정부론과 의회정치』, 『정치학의 기본 원리』 등이 있음. 지배계급의 주도적 역할을 강조했고, 다수결 원칙과 의회제에 대해서는 비판적이었음.

5 빌프레도 파레토(Vilfredo Pareto, 1848~1923): 이탈리아의 경제학자, 사회학자. '파레토 최적'(모든 사람이 타인의 불만을 사는 일 없이는 자기만족을 더 이상 증가시킬 수 없는 상태)의 개념으로 신(新) 후생경제학의 길을 열었고, 이른바 '파레토의 법칙', 즉 소득분포의 불평등도(不平等度)를 나타내는 경험적인 경제법칙을 도출했음. 주저로 『정치경제학 제요』, 『일반사회학개론』(2권) 등이 있음.

낸 '거대 담론가들'의 명단을 보면 이 사실이 명확히 드러난다. 각 분야에서 선구적인 역할을 한 이 학자들은 모두 유럽 출신 이다. 미국인 중에도 예외적으로 그런 학자들이 있다. 노엄 촘

---

6 게오르그 짐멜(Georg Simmel, 1858~1918): 독일의 철학자, 사회학자로, 베버 와 함께 1910년에 독일사회학협회를 창설. 주요 저서로 『사회적 분화』, 『화 폐의 철학』, 『사회학』, 『생의 직관』 등이 있음. 역사 연구에서 '타자'에 대한 이해의 문제, 시간 의식, 체험의 구조 분석 등 시대를 앞서 가는 새로운 개 념들을 도입함으로써 현상학적 사회학에 영향을 주었음.

7 마이클 만(Michael Mann, 1942년생): 영국 출신의 미국 사회학자, 역사학자로, UCLA 교수. 『서구사회에서의 의식과 행위』, 『사회적 권력의 원천』 등의 저 서가 있음. 어니스트 겔너, 앤서니 기든스 등과 함께 사회적 변화가 진화적, 발전적 유형과 더불어 불연속적이고 우연적인 특징도 갖는다는 (cf. "사건 적 특징화episodic characterization") 입장을 갖고 있음.

8 마르셀 모스(Marcel Mauss, 1872~1950): 프랑스의 사회학자, 인류학자. 외삼 촌인 에밀 뒤르켕의 영향을 많이 받았고, 마술, 희생, 선물 교환 등의 사회 현상을 학문적으로 고찰하였음. 인류학자 클로드 레비-스트로스의 연구 에 깊은 영향을 주었음. 주저로 『증여론』, 『사회학의 목적과 방법론』, 『사회 학과 인류학』 등이 있음.

9 가브리엘 듀몽(Gabriel Dumont, 1837~1906): 캐나다의 정치인으로, 메티스 (Metis) 원주민의 지도자. 1980년에 '가브리엘 듀몽 원주민 연구 및 응용 연 구소'가 설립되었음.

10 E. E. 에번스 프리처드(Evans-Pritchard, 1902~73): 영국의 사회인류학자로 말 리놉스키의 제자. 아프리카 남수단과 콩고 지역에 거주하는 아잔데족을 다 룬 『아잔데족의 주술, 신탁, 마법』과, 수단의 나일강 기슭과 초원지대에 사 는 목축민 누에르족을 다룬 『누에르족의 친족 관계와 결혼』 등 미개사회에 대한 현장 연구로 유명함.

스키는 언어학 분야에서, (케인스가 더 오래 기억될 것 같긴 하지만) 밀턴 프리드먼은 경제학에서 혁명적인 변화를 주도했다. 이 말이 지금 미국 대학들이 '이론'에 집착하고 있지 않다는 뜻은 아니다. 하지만 미국의 '이론'은 주로 다른 나라에서 오고, (현대 사회의 작동 방식을 이해하는 데 중요한 이론 중심 성향을 지닌) 경제학을 모델로 하고 있으며, 미국의 평등주의를 강하게 반영하고 있다. 즉 '누구나' 이론을 '공부할 수 있고, 공부해야 한다'는 사고방식이다. 하지만 역사적으로 볼 때, 독창적인 이론을 만들어 낼 능력을 지닌 사람은 정말 드물다. 내가 코넬대에 다닐 때는 아직 '정치이론'이 득세하기 전이었다. 내 졸업논문(1967년)은 역사학과 논문이라고 해도 무방할 정도였다. 하지만 지금 생각해 보면 그때가 바로 이후에 '행동주의'라고 불리게 된 이론이 유행하기 시작한 시기였다. 행동주의는 정치학을 '과학적인' 학문으로 만든 것으로 간주되고 있다.

35년 동안 코넬의 정부학과 교수로 근무하면서 나는 미국 학계에 대해 두 가지 흥미로운 사실을 알게 되었다. 첫째는, 후기 자본주의의 방식을 반영하고 있는 '이론'은 고가 상품처럼 시간이 흐르면서 노후화될 수밖에 없다는 것이다. X해의 학생들은 이제 한물간 W이론을 비판하면서 Y라는 이론을 공부하고 떠받들도록 지도받는다. 그리고 몇 년 지나면 W이론은 까맣게 잊고, 이제 한물간 Y이론을 비판하면서 Z이론을 떠받들어야 한다. 두 번째는, 배링턴 무어(Barrington Moore Jr.)의 저작 같은 중요한 예외도 있지만, 의식적이든 무의식적이든 정치학이 비교 정치학의 영역으로 확대될 때는 미국의 예를 따른다는 것이다. 다시 말하면, 어떤 국가의 발전 정도를 평가할 때 학자들은 그 나라가 미국의 자유, 준법정신, 경제 발전, 민주주의 등에 얼마나 근접했는지를 기준으로 삼는다는 것이다. 오늘날의 관점에서 보면 거의 '죽은' 접근 방식인 소위 현대화 이론이 그처럼 급속히 유행했다가 하루아침에 망한 이유도 그 때문일 것이다.

이런 유의 이론 뒤에는 물론 냉전 시대에 공공연히 표방된 목표가 있었는데, 그건 바로 마르크시즘이 근본적으로 틀리다는 걸 입증하겠다는 것이었다! 이런 '자화자찬식' 이론들은 순진하게도 미국의 높은 살인율, 이혼율, 엄청나게 높은 흑인 수감률, 줄어들지 않는 문맹률, 정치인들의 부패 등 발표하기 민망한 문제들은 대개 모른 척 지나갔다.

그래도 나는 대학원 시절의 체험 덕분에 나도 모르게 비교 연구를 할 채비를 했었던 것 같다. 당시 나는 조교로 미국 정치와 (유럽의) 비교정치학을 가르쳤는데, 그 때문에 안 그랬으면 절대 읽을 리 없는 자료들을 아주 많이 읽어야 했다. 당시 학부생은 90%가 미국인이었기 때문에 유럽에 대해 아는 게 거의 없었다. 그래서 미국, 영국, 프랑스, 독일을 자주 비교했는데, 그게 효과가 있었던 것 같다. 나 자신도 소련, 아시아, 미국, 서유럽을 다루는 대학원 강의들을 수강했다. 끝으로, 동남아시아 전공 교육과정의 특성상 나는 그 지역의 여러 나라를 비교하면서 공부했을 뿐 아니라, 다양한 분야, 특히 인류학, 역사, 경제학 등을 동시에 공부해야 했다. 당시 나는 이 모든 것에 대해 명확히 의식하고 있지는 않았다. 그저 너무 새로운 경험이어서 아주 즐거웠을 뿐이다.

하지만 인도네시아에 가기 전까지 비교학적인 사고에 대한 나의 경험은 극히 학구적이고 지적이었다. 인도네시아에 갔을 때 생전 처음으로 나의 감성과 정치적 성향이 내 연구에 영향을 미치기 시작했던 것이다. 하지만 가장 중요한 변화는, 내가 어떤 일반적인 의미에서도 더 이론적으로 사고하게 되었다는 뜻이 아니라, 일종의 인도네시아 (또는 인도네시아-자바)의 민족주의자로 변해가고 있었다는 사실이다. 그래서 인도네시아인을 무시하고, 수카르노를 진지하게 보지 않고 공산주의에 무조건 반대하는 무례한 미국 관료들을 만나면 짜증이 났고, 유명한 일화지만 화가 난 수카르노가 "당신들 원조 안 받을 거야!"라고 반미 발언을 했을 때는 만세라도 부르고 싶은 심정이었다.

내가 쓴 최초의 명백히 비교학적인 중(中) 논문 「자바 문화의 권력 개념」은 바로 그런 맥락에서 쓰인 것이었다. 이 논문은 클레어 홀트가 편집한 『인도네시아의 문화와 정치』(1972)에 실려 있는데, 정말 뜻밖의 상황에서 시작되었다. 어느 날 내가 문을 열어 놓은 채 내 사무실에 앉아 있는데 두 교수가 점심을 먹으러 가면서 큰 소리로 얘기를 나누고 있었다. 그중 주로 얘기하는 쪽은 앨런 블룸(Allan Bloom)이었는데, 그가 바로 나중에 『미국 정신의 죽음』이라는 베스트셀러를 쓴 사람이다. 그는 아주 매력적이지만 다가가기 힘든 사람이기도 했다. 내놓고 여성적이면서 여학생보다는 남학생들을 훨씬 더 좋아했지만, 그래도 카리스마 넘치는 보수파 강사였고, (플라톤이나 마르크스 연구에서) 탁월한 정치학자였다. 시카고 대학에서 공부할 당시 그는 원칙적으로 보수적인 철학자로서 나치 독일에서 망명해 온 유명한 레오 스트라우스(Leo Strauss)의 수제자 중 하나였다. 스트라우스의 제자 중에는 (특히 머리 좋고 야심 있는 유태계 학생들은) 나중에 여러 명문대 내에서도 그랬지만 레이건과 아버지와 아들 부시 대통령 때 미국 정계에서 신 보수 운동의 선봉에 선 사람이 많았다.

그 날 앨런은 복도를 지나가면서 이렇게 말했다. "자네도 알다시피 옛 그리스인들에게는, 플라톤이나 아리스토텔레스조차도, 지금 우리가 생각하는 그런 식의 '권력' 개념이 없었어." 그가 점심시간에 무심히 던진 이 말이 내 머릿속에 오래 남아 있었다. 그때까지 나는 '서구 사상'의 원조로 추앙받는 대 철학자들이 권력에 대해 아무런 생각도 갖고 있지 않았다는 생각은 해

본 적이 없었다. 그래서 처음에는 의아했지만 곧바로 도서관으로 달려가 고대 그리스어 사전을 뒤져 보았더니 '독재', '민주정', '귀족정', '군주정', '도시', '군대' 같은 말은 있었지만 추상적, 일반적 의미에서의 '권력'을 뜻하는 항목은 없었다.

그때부터 나는 자바와 인도네시아의 권력 문제에 대해 생각하기 시작했다. 그로부터 불과 얼마 전, CIA의 후원을 받는 악명 높은 잡지 『조우*Encounter*』에서 스위스 기자 위베르 루티(Hubert Luethy)와 클리포드 기어츠 사이에 치열한 논쟁이 벌어진 바 있었다. 1965년 후반부터 1966년 초반에 있었던 일인데, 당시 인도네시아에서는 1965년의 미수 쿠데타 이후 공산주의자와 그 동조자들에 대한 대대적인 학살이 자행되고 있었다. 루티가 '불합리한' 인도네시아 정치와 언론을 맹렬히 비난하는 글을 기고하자, 발끈한 기어츠가 이론이 아니라 오랫동안의 현장 연구에 토대를 두고 그 나라 국민들의 합리성을 옹호하는 「인도네시아인들이 미쳤다는 건가?」라는 신랄한 반박 기사를 올렸다. 당시 기어츠는 이미 유명한 학자였고, 미국 인류학계에서 막강한 영향력을 지니고 있었을 뿐 아니라, 카힌 및 벤다와 함께 인도네시아 연구에서 가장 중요한 세 선구자 중 하나였다. 이 논쟁에서 나는 인도네시아 민족주의자답게 기어츠 편이었지만, 그때부터 정치이론에 등장하는 '합리성'의 문제를 더 체계적이고 역사적으로 고찰하게 되었다.

1960년대 중반 나는 인도네시아에서 유학 온 대학원생 중에 머리가 희고 나이도 상당한 수마르사이드 모르또노(Soemarsaid Moertono)라는 역사학자와 친하게 지냈는데, 학생들은 모두 그를 '마스 모어(Mas Moer)'라는 애칭으로 불렀다. 자바어에서 '마스'는 '형'보다는 좀 더 정중하지만 그와 비슷한 뜻을 지닌 호칭이었다. 그는 정말 전통적인 자바 신사였고, 훌륭한 역사학자였으며, 타고난 민주주의자, 친절하고 위트 넘치는 성격에 귀엽게 어린애 같은 면을 지닌 사람이었다. 모어는 가끔 이타카에서 어느 날 아침 처음으로 눈을 본 일을 얘기하는데, 그 날 잠에서 깨어 온 동네가 흰 눈으로 덮인 걸 보고 너무 신기한 나머지 얼른 아래층으로 내려가 바깥 날씨가 얼마나 추운지 까맣게 잊은 채 맨발에 사롱 차림으로 눈 속으로 뛰어나갔다는 것이었다. 모어는 내 바로 옆 사무실을 쓰고 있었기 때문에 나와 늘 이런저런 얘기를 나누었고, (나중에『구 자바의 정부와 국정 운영』이라는 제목으로 출간된) 옛 자바 왕정(王政)의 여러 면모를 다룬 석사 논문의 초본을 보여 주기도 했다. 그는 자바의 자료들에 대해 소상히 알고 있었고, 그 논문에는 정말 흥미진진하고 특이한 일화들이 많이 들어 있었다. 그중에서도 가장 특이한 것은 역사책에도 엄숙한 어조로 기술되어 있는 17세기 후반 아망꾸랏(Amangkurat) 2세의 죽음에 대한 이야기일 것이다. 그가 후사를 정하지 않고 숨을 거두자, 여러 왕자와 신하들이 빙 둘러 서 있었는데, 그중 뿌그르(Puger) 왕자가 왕의 성기가 꼿꼿이 서 있고 그 끝에 빛나는 액체가 맺힌 걸 보고 얼른 달려가 그걸 마셨다. 그러자 성기가 평소 상태로 돌아갔다. 역사책에는 이것이 바로 신비한 왕권의 빛(tédja)이 뿌그르 왕자에게 계승되었음을 뜻한다고 되어 있다. 그가 바로 아망꾸랏 3세다.

나는 자바인들이 다른 어느 나라 사람 못지않게 합리적이라고 생각했기 때문에, 이 특이한 이야기의 배경에 어떤 기본적인 전제들이 깔려 있는지 궁금했다. 이 사건을 블룸의 말과 연결지어 생각해 보니, 플라톤과 마찬가지로 자바인들 역시 인간들만의 관계로서의 권력이라는 추상적인 개념은 갖고 있지 않은 것 같았다. 모르또노와 얘기해 보니 그 말이 맞았다. 하지만 '구체적인' 권력, 우주에 편재해 있고, (인간의 성기를 비롯해) 이런저런 신비한 물건이나 정령, 사람들 안에 깃든 일종의 신비한 힘으로서의 권력에 대해서는 명확한 개념을 갖고 있었다.

그리고 이것이 바로 자바인들의 합리성을 단계별, (관료제도, 외교, 조세 제도, 농업 등) 분야별로 분석하고, 루티가 불합리하다고 생각한 자바인들의 행동과 가치 체계를 제대로 분석하게 해줄 열쇠라는 생각이 들었다. 그리고 나서 서구로 돌아와 마키아벨리 이전의 상황을 보면 자바와 비슷한 점이 아주 많을 것 같았다. 마키아벨리는 정치 철학에서 '신성'하거나 '마법적인' 것들을 모두 배제한 최초의 서양 정치철학자였다. (그럼 그의 합리성은 무엇에 근거하고 있을까?) 그뿐만 아니라 아시아의 다른 지역에서도 전통적인 자바와 비슷한 사고방식이 흔히 존재했을 것 같았다. 그런데 블룸과 모르또노가 그 당시 같은 캠퍼스에 있으면서도 서로 전혀 몰랐다는 사실은 정말 아이러니하다.

비교정치철학 연구 논문인 「자바 문화의 권력 개념」 최종본을 쓸 당시 나는 대부분의 서구 독자들이 보일 반응을 ("흠, 자바인들은 그때나 지금이나 미개하고, 우리는 그렇지 않아.") 예측하고 거기 적절히 대응할 방안을 생각해 보았다. 다행히 막스 베버(Max Weber)의 책이 도움이 되었다. 그는 '카리스마'를 명쾌하고 체계적으로 설명하지는 못했지만, 그 개념을 현대 사회학에 처음 도입한 학자였다. 히틀러, 레이건, 마오, 에비타 페론, 드골, 수카르노, 간디, 피델 카스트로, 레닌, 호메이니는 어떤 합리성으로 사람들의 마음을 사로잡았을까? 자신들이 완전히 현대적이라고 생각한 문화에서도 '권력'에 대한 관점의 기저에는 뭔가 전통적인 부분이 남아 있지 않을까? 그보다 훨씬 나중에 레이건은 부인이 점쟁이와 통화하고 나서야 중요한 결정을 내리곤 했다는 것, 오늘날 중국 공산당의 최고 지도자들 역시 뒤에서는 점성술사나 풍수지리학자의 의견을 경청한다는 말을 듣고 '그럼 그렇지' 싶었다.

이 논문에 대해 말하고 싶은 요점 두 가지 중 첫째는, 내가 민족주의적인 관점에서 비교 연구를 하기 시작했다는 것이고, 오래 전부터 동양학자들이 즐겨 해온 동양과 서양의 비교에 있어 나는 자바와 인도네시아인들은 그들이 가진 사고방식의 기본 전제들을 이해하고 보면 서양인이나 다른 어느 민족 못지않게 '합리적'이라는 것을 보여 주고 싶었다는 것이다. 둘째는, 나는 순전히 우연에 의해 이런 관점을 갖게 되었다는 것이다. 블룸의 후배였고 모르또노의 친구였기에 가능한 일이었던 것이다.

하지만 그 후 10년 동안 나는 진지하게 비교학적인 작업은 거의 하지 않았고, 비교라는 주제에 대해 체계적으로 생각하게 됐을 때는 나의 관점과 흥미가 완전히 달라진 뒤였다. 「자바 문화의 권력 개념」(1972)과 『상상의 공동체』(1983)를 잠깐만 살펴봐도 그 둘이 얼마나 다른지 금방 알 수 있을 것이다. 거기에는 물론 나이의 문제도 있었다. 1972년에 나는 서른여섯 살의 비정년 교수였고, 바로 그 얼마 전에 인도네시아에서 추방된 상태였다. 1983년에는 마흔일곱 살의 정교수에, 코넬의 동남아시아 프로그램 신임 원장이었고, 샴 연구로 분주한 상태였다. 하지만 나이보다 더 중요한 요소들이 있었다. 그 10년 동안 나에게 깊은 영향을 준 세 가지 요소를 특별한 순서 없이 얘기해 보겠다.

페리 앤더슨(Perry Anderson)으로 알려진 내 동생은 나보다 머리가 좋고, 집안에서는 원래의 아일랜드 이름인 로리(Rory)로 불린다. 내가 미국으로 떠난 후 수년 동안 우리는 별다른 연락 없이 엄마와 여동생을 통해서만 소식을 들었다. 1959년 같은데,

역사학으로 옥스퍼드를 졸업한 후 로리는 정치, 학문적으로 마르크시스트로 활약했고, 영국 공산당의 진부한 지도하에 완전히 화석화된 영국의 좌파 정치를 되살리고 현대화하겠다는 일념으로 몇몇 옥스퍼드 동문들과 함께 그로부터 얼마 전에 창간된『뉴 레프트 리뷰New Left Review』에 들어갔다.

『뉴 레프트 리뷰』는 급진적인 시각에서 농촌 및 노동 계층을 연구한 위대한 역사학자 에드워드 톰슨(Edward Thompson)과, 자메이카 출신의 사회사상가로 나중에 문화연구의 창시자로 알려진 스튜어트 홀(Stuart Hall)이 창간했다. 이 젊은이들은 홀 교수를 진심으로 경애했지만, 톰슨과의 관계는 쉽지 않았다. 그는 뛰어난 학자였지만 뼛속까지 영국인이었고, 어떤 면에서는 유럽 대륙의 지적 전통에 반감을 가진 전통적인 '작은 영국인'이었다. 내 동생과 그의 친구들은 영국의 지적 고립을 깨려면 1) 사르트르, 메를로 퐁티, 알튀세, 드브레[11], 아도르노, 벤야민, 하버마스, 보비오[12]를 위시한 많은 유럽 마르크시스트의 작품을

---

11 줄 레지스 드브레(Jules Régis Debray, 1940~): 프랑스의 철학자, 언론인, 공무원, 학자로, 볼리비아의 체 게바라, 칠레의 살바도르 아옌데 등과 정치적으로 밀접한 관계를 가졌고, 프랑스의 미테랑 대통령 재임 기간에는 외교 고문으로 일했음. 주저에『미디어 선언: 문화 형식의 기술적 전승』,『혁명 속의 혁명』,『문화의 전승』등이 있음.

12 노베르토 보비오(Norberto Bobbio, 1909~2004): 이탈리아의 법철학자, 정치사상사가. 주저는『자유주의와 민주주의』.

(번역해서) 대거 들여오고, 2) 『뉴 레프트 리뷰』에서 영국 이외 지역의 문제들도 다룸으로써 최대한 국제적인 잡지로 변신해야 한다고 굳게 믿었다.

화가 치민 톰슨이 결국 물러나고, 젊은이들이 리뷰를 접수했다. 그 당시 로리는 리뷰 일 이외에도 '서구의 역사' 전체를 재편한다는 거창한 프로젝트를 진행 중이었다. 그 후 출간된 『고대 사회에서 봉건주의로의 전이』(1974)와 『절대주의 국가』(1974)는 근본적으로 비교학적이다. '좋은 형'으로서 나는 이 책들을 읽으며 경외감과 긍지를 느꼈다. 역사에 대한 백과사전적인 지식, 그리스 로마 고전에 대한 완벽한 이해, 수백 페이지에 걸쳐서 수백 년, 수십 개의 나라에 대해 복잡하면서도 명쾌한 논리를 전개해 나가는 능력을 보여 주는 책들이었다.

1974년부터 나는 『뉴 레프트 리뷰』를 매 호 처음부터 끝까지 읽으면서 그 과정에서 완전히 새로운 시각을 갖게 되었다. 『상상의 공동체』 독자들은 금세 눈치 챘겠지만 나는 발터 벤야민의 작품에서 깊은 영향을 받았는데, 그를 처음 알게 된 것도 이 잡지를 통해서였다. 그리고 런던에 갈 때마다 『리뷰』와 관련된 사람들을 만나면서 친분을 쌓았는데, 그중에서 내가 가장 좋아하고 존경한 사람은 네언(Tom Nairn)이었다. 네언의 『브리튼의 해체 *The Break-up of Britain*』(1977)라는 도발적인 저서는 엄청난 반향을 일으켰고, 선배 마르크시스트 역사가인 에릭 홉스봄은 이 책을 신랄하게 비판했다.

이 과정에서 동생과 나는 다시 예전처럼 친한 사이가 되어 지금까지 그런 관계를 유지하고 있고, 『상상의 공동체』 최종본을 준비할 때 가장 큰 도움을 준 것도 동생이었다. 그런 동생이 없었으면 내가 어찌 되었을지 상상이 안 간다. 로리와 『뉴 레프트 리뷰』에 근무하는 그의 친구들 덕분에 나는 더이상 인도네시아 민족주의자가 아니라 더 국제적인 시각을 갖게 되었다.

로리 다음으로 내게 영향을 준 것은 코넬대 동료이자 절친한 친구인 제임스 시글(James Seigel)인데, 내 생각에 그는 현재 미국에서 가장 매력적으로 독창적인 인류학자이다. 그는 1960년대 후반 저명한 클리포드 기어츠가 학생들의 요란한 급진주의에 분개한 나머지 학교를 떠나기 전에 가르친 마지막 학생 중 하나였다. 프린스턴 고등연구소(Institute for Advanced Studies)로 옮겨간 기어츠는 오랫동안 그 연구소의 거의 유일한 사회과학자였다. 짐과 나는 같은 시기에 인도네시아에서 현장 연구를 했는데, 그는 아체, 나는 자바에서 일했었다. 우리는 1964년 봄 북수마트라에 있는 메단(Medan)에서 처음 만났는데, 만나자마자 금방 친구가 되었다. 나중에 『신의 동아줄 *The Rope of God*』로 출간된 그의 논문은 인도네시아에 관한 기존의 인류학 연구서들과 전혀 달랐고, 지금까지 내가 좋아하는 작품이다.

그가 코넬에 오게 된 사연도 흥미롭다. 1967년경 코넬에 젊은 동남아 학자를 뽑기 위해 인류학 교수 자리가 나왔는데, 짐도 응모자 중 하나였다. 급진적인 당시 분위기 때문에 교수들뿐 아니라 대학원생들도 면접에 참여했다. 최종 결정을 내릴 때 교수들은 대부분 동자바에서 유행한 도시 연극인 루드룩(ludruk)[13]을 다룬 『현대화의 의식(儀式) Rites of Modernization』이라는 논문을 쓴 제임스 피콕을 뽑고 싶어 했다. 이 논문은 후에 동명의 책으로 출간되었다. 그런데 학생들은 이처럼 파슨스[14]적인 제목을 좋아하지 않았다. 그들에게 현대화는 한물간 개념이었던 것이다. 결국 학생들은 압도적으로 시글을 찍었고, 교수들은 그 결정에 승복했다.

우리는 옛날이나 지금이나 절친한 사이다. 둘이 한 반을 같이 가르친 적도 많았는데, 그중 한 세미나에서는 모든 학생이 인도네시아어로 말하도록 했다! 짐 덕분에 나는 수준 높은 인류학 저서들을 접하게 되었는데, 영국의 가톨릭 학자인 빅터 터너(Victor Turner)가 쓴 멋진 아프리카 연구서 등이 그것이다. 호머부터 프루스트까지 서구의 '묘사(representation)'의 역사를 다룬 에

---

13 동자바의 전통 연극. 역사적 인물이나 일반인을 주인공으로 하는 희극으로 13세기경에 시작된 것으로 추정됨.

14 탈콧 파슨스(1902~79): 미국의 사회학자로 하버드대 교수 역임. 에밀 뒤르켕, 막스 베버, 빌프레도 파레토 등의 영향을 받은 보수적인 이론가로 간주됨. 클리포드 기어츠의 은사.

리히 아우어바흐(Erich Auerbach)의 걸작 『미메시스 *Mimesis*』를 권해 준 것도 짐이었다. 둘이 같이 가르친 과목 중 정말 좋았던 것은 그때도 여전히 수하르토의 수용소에 갇혀 있던 인도네시아의 문호 프라무디아 아난타 투르(Pramoedya Ananta Toer)의 소설을 다룬 세미나였다. 뛰어난 학생들과 함께 소설을 꼼꼼히 읽는 건 내게는 정말 새로운 경험이었다. 짐 덕분에 나는 인도네시아 소설뿐 아니라 그리스 로마 문학과 서구문학에 대한 기존의 지식을 활용해 정치학에 있어 '상상력'과 '현실'의 관계를 분석하는 새로운 방식을 모색하게 되었다.

동남아시아 프로그램의 학생들 역시 내게 큰 영향을 주었다. 그들은 미국인의 눈에 비친 거대한 동남아시아 자체에는 별 관심이 없었다. 대신 자기들끼리 이런저런 관계망을 만들어갔다. 불교 국가인 샴과 버마, 이슬람 국가인 인도네시아, 가톨릭 국가인 필리핀 등에 존재하는 어둡고 긴 독재 체제에 대해 분노한 청년들은 그런 현실을 용인할 수 없었다. 학생들은 고국에서는 엄격히 금지된 정보들을 영어로 주고받았고, 전에는 생각지 못했던 이런저런 현상들을 새로운 방식으로 비교하곤 했다.

『상상의 공동체』에 등장하는 여러 비교는 논쟁적인 의도에서 비롯된 것이다. 제2차 세계대전 후에 나온 민족주의에 대한 중요한 '이론서'들은 거의 다 영국에서 쓰이고 출간되었다. (공산주의 체제 하에서 프라하에 거주 중이던 미로슬라프 흐로흐Miroslav Hroch가 독일어로 쓴, 중앙유럽과 동유럽의 '작은 민족주의들'을 다룬 선구적인 비교연구서는 훨씬 나중에야 영어로 번역되었다.) 정치적 시각은 서로 많이 달랐지만 이 책들은 거의 다 유대인이 쓴 것이다. 그중 극단적인 우익은 엘리 케두리(Elie Kedourie)였는데, 그는 바그다드의 오래된 유대인 공동체에서 나고 자랐지만 청년기에 런던으로 이주해, 당시 가장 유명한 보수주의 정치철학자인 마이클 오크숏(Michael Oakeshott)의 영향을 받았다. 중도 보수 학자로는 앤서니 스미스(Anthony Smith)가 있었는데, 그는 영국 태생의 정통 유대교 신자였고 오랫동안 런던에서 역사를 가르쳤다. 그는 유대인이야말로 역사상 가장 오래된 국가라고 믿었고, 항상 현대 민족주의는 오래된 인종 집단에서 유래했다고 주장했다. 진보적 좌익에는 철학, 사회학, 인류학을 가르친 어니스트 겔너(Ernest Gellner)가 있었는데, 그는 프라하에서 태어난 체코 유대인으로서 전쟁 직후에 런던에 왔다. 확고한 계몽주의적 자유주의자인 겔너는 소위 구성주의적 민족주의(constructivist nationalism)를 창안했고, 민족주의는 순전히 산업화와 현대성의 산물이라고 주장했다. 급진적 좌익 학자로는 위대한 역사가 에릭 홉스봄(Eric Hobsbawm)이 있었다. 부모 중 한쪽이 유대인 홉스봄은 식민지 시대 이집트에서 태어났고, 나치 이전의 오스트리아에서 탄탄한 학문적 토대를 쌓았다. 공산주의자이면서 구성주의자였던 그가 테렌스 레인저(Terence Ranger)와 같이 엮은 『전통의 발명 *The Invention of Tradition*』(1983)은 한창 주목받기 시작한 민족주의에 대한 논의에 크게 기여했다. 순수한 스코틀랜드 사람인 톰 네언은 그 어느 쪽에도 속하지 않았고, 신좌익 마르크시스트 급진주의자였다.

이들은 모두 런던이나 그리 멀지 않은 옥스퍼드나 케임브리지에 살았고, 대개 서로 알고 지내는 사이였다. 이 중 네언만 빼고는 다들 영국을 정말 좋아했다. 당시 영국은 파시즘이나 격렬한 반유대주의에 오염되지 않았고, 잉글랜드, 웨일스, 스코틀랜드, 북아일랜드로 이루어진 나라였기에 프랑스나 이탈리아, 스웨덴 같은 전형적인 유럽 국가보다는 (이제는 망했지만) 오스트리아-헝가리처럼 초국가적인 나라로 느껴졌기 때문이다. 겔너는 마그레브(Maghreb)[15]에서 공부했고 아랍어도 좀 알았으며, 케두리는 조국 이라크에 대해 많은 글을 썼고 이라크 아랍어도 잘 알았지만, 이 학자들은 모두 기본적으로 유럽 지향적인 시각을 갖고 있었다.

『상상의 공동체』는 바로 다양하지만 아주 '영국적인' 이 집단을 염두에 두고 쓴 책이다. 그 책의 단초가 된 것은 네언이 쓴 『브리튼의 해체』였다. 그는 영국이 화석화되고 보수적이며

---

15 모리타니아, 모로코, 알제리, 튀니지, 리비아를 포괄하는 서북 아프리카 지역.

과거 제국주의의 잔재로서, 종국에는 스코틀랜드를 시작으로 네 개의 나라로 쪼개질 거라고 예측했다. 『브리튼의 해체』는 심한 공격을 받았고, 특히 홉스봄은 진정한 마르크시스트는 절대 민족주의자가 될 수 없다고 주장했다. 마르크시즘은 처음부터 국제주의를 표방했기 때문이다. 나는 그 책 자체도 아주 맘에 들었지만 내가 아일랜드인이어서 더 그랬던 것 같다 (남아일랜드는 수백 년간의 영국 식민 지배를 겪다가 1922년에야 무장 투쟁을 통해 독립을 되찾았다). 당시 나는 『상상의 공동체』를 순수하게 학구적인 책이라고 생각지 않았고, 나중에 이 책이 그처럼 국제적인 명성을 얻을 거라고는 짐작도 못했다.

많은 사람이 『상상의 공동체』가 읽기 어렵고, 특히 번역하기 어렵다고 불만을 토로했다. 그런 면도 있다. 그런데 어려운 것은 그 책이 다루고 있는 개념이 아니라, 주로 당시 벌어진 논쟁에 대한 나의 입장과 그 대상 독자, 즉 당시 영국의 지식인들 때문이다. 그 책에서 영국인에게는 따로 설명할 필요가 없지만 다른 사람들에게는 낯선 영국의 시, 수필, 역사, 전설 등이 자주 인용되거나 인유되는 것은 내가 주로 그들을 염두에 두고 책을 썼기 때문이다. 영국인만이 재미있어 하거나 싫어할 농담이나 풍자도 다수 들어 있다. 예컨대 나는 다른 나라 왕들은 루이 14세처럼 통상 사용되는 호칭으로 불렀지만, 찰스 1세를 찰스 스튜어트로 부르는 등 영국 왕들은 일반인처럼 이름으로 불렀다. 영국

의 한 급진적인 페미니스트는 이 '차별'에 대해 불평을 늘어놓았다. 나로서는 물론 즐거운 일이었다. 1980년대 후반 시라이시 다카시(白石隆)와 시라이시 사야(白石さや) 등 두 학생이 그 책을 일본어로 번역한다고 하길래, 원래 일본인을 대상으로 쓴 책이 아니니까 원하면 얼마든지 일본의 자료들을 인용하거나 인유하고 일본식 농담을 쓰라고 얘기하자, 둘 다 좋아하는 눈치였다.

『상상의 공동체』는 『브리튼의 해체』보다 더 광범위한 논쟁을 배경으로 태어났다. 그중 첫 번째 표적은 민족주의가 유럽에서 생겨나 비슷한 형태로 세계의 다른 지역으로 퍼져나갔다는 유럽중심적인 사고방식이다. 내가 보기에 민족주의 운동은 아이티뿐 아니라 북미와 남미에서도 생겨났고, 이런 운동들은 어떤 하나의 '인종적' 또는 언어적 요인만 가지고는 설명할 수 없다.

두 번째 표적은 전통적인 마르크시즘과 자유주의다. 이런 유의 마르크시즘이 민족주의를 회피했고, 세계 역사에 끼친 그 큰 영향력을 설명하지 못했다는 네언의 말은 옳다. 하지만 그가 이 문제를 마르크시즘을 이용해서 해결하려고 시도한 적은 없다. 나는 16세기 유럽에서 쏟아져 나오기 시작한 책들의 특성을 이용하면 이 문제를 풀 수 있다고 생각했다. 책들은 물론 초기 자본주의가 생산한 상품이지만, 맥주나 설탕과 달리 어떤 개념이나 감정, 상상을 담고 전달하는 그릇이기도 했다. 고전적인 진보주의도 같은 문제를 안고 있었다.

마지막 표적은 바로 민족주의를 진보주의, 마르크시즘, 사회주의, 보수주의 같은 수많은 '-이즘', 즉 순전히 어떤 개념들의 체계 또는 이데올로기에 불과하다고 생각하는 강력한 전통이었다. 이런 시각으로는 민족주의가 지닌 엄청난 감정적 힘, 사람들로 하여금 그것을 위해 목숨을 바칠 수도 있게 만드는 그 능력을 설명할 길이 없었다.

그 책의 이런 맥락을 보면 내가 거기서 사용한 전형적인 비교 방식들이 『자바 문화의 권력 개념』에서 사용한 동-서 구조와 전혀 다른 이유를 짐작할 수 있을 것이다. 내가 그 전에는 주로 차이에 집중했다면 이번에는 유사성에 주목했기 때문이었다. 아메리카 대륙을 다룬 긴 장(章) "크리올 선구자들"이 좋은 예다. 미국의 민족주의를 다룬 기존의 책들은 그 독특함을 강조하거나 영국 전통과의 연관을 논했다. 그래서 나는 초기 미국을 스페인령 아메리카의 여러 민족주의와 비교하고, 그 부분을 그 장의 끝이 아니라 처음에 배치했다. 독자들이 프랭클린과 제퍼슨이 남미에 편재하는 패턴의 연장이라도 되는 듯 '크리올(Creole: 혼성)'로 불린다든지, 시몬 볼리바르(Simón Bolívar)가 조지 워싱턴보다 훨씬 인상적인 인물이라는 구절을 읽으며 불쾌해 할 걸 생각하니 즐거웠다. 제정 러시아와 영국령 인도, 헝가리와 샴이나 일본, 인도네시아와 스위스, 베트남과 프랑스령 서아프리카를 비교한 것도 같은 작업이었다. (나중에 대만의 민족주의를 후기 혼성 민족주의로 분류한 것도 흐뭇했다). 이런 비교를 통해 나는 독자들에게 놀라움과 충격을 선사하고, 민족주의의 역사 연구를 '세계화'하고 싶었던 것이다. 지금도 나는 그런 비교들을 좋아하지만, 그것들은 통계나 조사에 토대를 둔 주류 '비교 정부론'과는 많이 다르다.

나는 아주 나중에서야 (실은 은퇴한 후에야) 이런 식의 비교가 지닌 근본적인 문제들을 인식하기 시작했다. 여러 국가와 민족국가를 분석의 기본 단위로 삼으면 이 집단들이 종교적 관계망 및 경제, 기술적 요소는 물론이고, 자유주의, 파시즘, 공산주의, 사회주의 같은 국제 사회의 온갖 정치-문화적인 흐름에 의해 서로 연결되고 영향을 주고받는다는 명백한 사실을 간과하는 치명적인 오류를 범하게 되기 때문이다. '오로지' 민족주의만을 신봉하는 이들은 극소수라는 현실도 진지하게 고려할 필요가 있었다. 아무리 철저한 민족주의자라 해도 할리우드 영화, 신자유주의, 만화에 대한 애착, 인권, 임박한 생태 위기, 유행, 과학, 무정부주의, 탈식민주의, '민주주의', 원주민 운동, 채팅방, 점성술, 스페인어나 아랍어 같은 초국가적 언어 등에 매료될 수도 있기 때문이다. 내가 『세 깃발 아래에서: 아나키즘과 반식민주의적 상상력』(2005)에서 19세기 말의 국제적 무정부주의뿐 아니라 전보나 증기선 같은 국제적 소통 방식을 주로 다룬 것은 바로 그 비교 방식이 얼마나 심각한 문제를 안고 있는지 깨달았기 때문이었다.

내 시각이 달라지면서 비교의 방식도 변했다. 『자바 문화의 권력 개념』과 『상상의 공동체』는 서로 많이 다르지만, 두 책에서 모두 역사적 고찰이 중요하다는 공통점을 갖고 있다. 앞의 책에서 독자는 300년에 걸친 자바의 역사를 살펴보게 되고, 뒤 책에서는 15세기의 인쇄-자본주의의 발명으로부터 20세기 중반의 반식민주의 운동까지를 섭렵하게 된다. 『세 깃발 아래에서』에서는 동시대적 고찰이 중요하다. 기본적인 시간 단위는 세기가 아니라 10년씩으로 했고, 다룬 기간은 1861년부터 1901년 사이의 40년이었다. 내가 볼 때 이 시기에 가장 흥미로운 현상은 바로 브라질, 쿠바, 영국, 벨기에, 이탈리아, 프랑스, 스페인, 독일, 러시아, 남아프리카, 일본, 중국, 오세아니아, 필리핀 등지에서 무정부주의와 전위문학 같은 정치, 문학적 사조들이 발터 벤야민이 말한 '비어 있는 동질적 시간 속에서' 서로 명백하게 연결되어 있다는 사실이었다.

이런 식의 연구서에는 새로운 서사 방식이 필요했다. 보통 쓰이는 학문적인 역사 서술이 아니라 신문 연재소설 같은 구조가 더 어울릴 것 같았다. 이 책에서 독자들은 나폴리, 도쿄, 마닐라, 바르셀로나, 파리, 리우데자네이루, 브뤼셀, 상트페테르부르크, 탬파, 런던을 섭렵하게 되어 있었다. 책에서 나는 당시의 여러 학문, 커뮤니케이션, 그리고 각 국 내부 또는 여러 국가 사이의 신속한 전신(電信) 교환 덕분에 다양한 이념과 정치 운동이 조직화된 방식 등을 주로 다루었다. 말하자면 프랑스인이 미국이나 벨기에로부터, 이탈리아 사람이 스페인과 러시아로부터, 필리핀 사람이 독일이나 쿠바로부터 뭔가를 배우는 세상이 되었던 것이다.

그처럼 『세 깃발 아래에서』는 동시성과 유사성을 주로 다루었지만, 그래도 책의 핵심 목표는 세계적인 무정부주의와 국지적인 민족주의 사이의 대조를 분석하는 것이었다. 이 대조를 가장 잘 보여 준 것이 바로 이 시기에 뉴욕 버팔로에서 만주 하얼빈까지 세계 도처에서 일어난 다수의 암살 사건이었다. 민족주의 암살자들은 모두 자국의 적을 죽이려고 했지만, 무정부주의 암살자들은 자국의 억압자뿐 아니라 다른 나라의 악명 높은 정치인도 공격했기 때문이다.

비교가 하나의 방법이나 연구 기법이 아니라 담화의 전략이라는 것을 명심해야 한다. 뭔가를 비교할 때 꼭 기억해야 할 중요한 사실이 몇 가지 있다. 첫째, 무엇을 쓰든 간에 유사점과 차이점 중 어느 쪽에 집중할지 결정해야 한다. 예컨대, 일본과 중국, 또는 한국이 근본적으로 비슷하거나 다르다고 주장하는 건 아주 어려운 일이다. 그것을 입증하기는 더더욱 어렵다. 그런 주장을 펴거나 입증하려면 반드시 나만의 입장, 접근 방식, 의도하는 결론이 있어야 한다. (맹목적 애국주의가 판치고 독일과 프랑스 정부가 국민들에게 상대국을 증오하도록 유도하던 제1차 세계대전 직전, 위대한 오스트리아 마르크시스트 오토 바우어Otto Bauer는 파리 사람과 베를린 사람은 중세의 자기 조상들보다 서로 비슷한 점이 더 많다고 주장해서 양쪽 국민의 인기를 끌었다). 이 장(章)에서 나 역시 그런 예를 보여 주고 있다. 예컨대, 내가 1970년대 초부터 2000년 사이에 쓴, 여러 집단을 비교학적 관점에서 다룬 저작들을 보면 그 집단들 간의 근본적인 차이를 논함으로써 변화하는 시각, 맥락, (정치적) 의도를 보여 주고 있다.

두 번째 유의할 점은, 개연성을 해치지 않는 범위 내에서, 가장 유익한 비교는 (초점의 차이든 유사점이든 간에) 독자들을 놀라게 하는 비교라는 사실이다. 일본인의 입장에서 중국과의 비교는 놀랄 일이 아니다. 수백 년 동안 보아 왔기 때문이다. 수없이 행해진 작업이고 결론 역시 미리 정해진 경우가 많았다. 그런데 일본을 오스트리아나 멕시코와 비교한다면 얘기가 달라질 것이다.

세 번째는, 나라와 나라를 비교하는 것 못지않게 종적인 작업, 즉 한 나라의 변화를 오랜 기간에 걸쳐 살펴보는 것도 중요하다는 것이다. 그 민족의 신화에서 출발해 국가의 연속성을 강조하고 유서 깊은 '민족적 정체성'을 영속화하는 데 목적을 두는 교과서 식의 민족사는 큰 힘을 갖고 있다. 오랫동안 영국의 압제에 시달려 왔다고 믿고 주장하는 스코틀랜드인들은 17세기 대부분 기간에 런던을 지배한 것이 스코틀랜드 출신의 왕조였다는 사실을 상기시키는 저작은 좋아하지 않을 것이다. 마찬가지로, 대다수의 일본인은 일본의 초기 '천황들'이 한국인의 피가 섞여 있다는 얘기를 별로 달가워하지 않는다. 그렇기 때문에 고대사를 널리 읽으면 연구하는 데 큰 도움이 될 것이다.

넷째, 두 집단을 비교할 때는 연구자 본인의 상황, 사회적 계층, 성별, 교육의 수준과 유형, 연령, 모국어 등을 고려해야 한다는 것이다. 하지만 이런 요소들은 언제든 바뀔 수 있다. 그 나라 언어를 전혀 또는 조금밖에 모르는 연구자는 당연히 비교 연구를 하기 힘들 것이다. 그 나라 문화를 알 길이 없기 때문이다. 그런 연구자는 언어 때문에 불편하고, 외롭거나 고립되기 때문에 자기 나라 사람과 어울리기 십상이다. 그런 경우 비교를 안 할 수는 없겠지만, 그런 비교는 피상적이고 단순할 수밖에 없다. 그러다가 운 좋게 언어의 장벽을 넘으면 새로운 세상이 펼쳐질 것이다. 그런 연구자는 탐험가가 된 기분일 것이고, 조국에서와 다른 방식으로 모든 것을 관찰하고 분석할 것이다. 누구든 자기 나라에서는 거의 모든 것을 당연하게 받아들이기 때문이다. 그런 연구자는 자신의 계층, 교육, 심지어 성별까지도 전과 다른 시각으로 보게 될 것이고, 눈과 귀가 열려 있다면 전에 듣도 보도 못한 것들이 보이기 시작할 것이다. 다시 말하면, 거기 있는 것은 물론 없는 것도 보게 될 것이다. 쓰여 있는 것은 물론

쓰여 있지 않은 것까지 읽어내게 되는 것이다. 그런 연구자는 지금 살고 있는 나라는 물론 자신의 조국까지도 이런 식으로 보게 될 것이다.

이 변화는 어떤 단어에서 시작되는 경우가 많다. 예컨대 인도네시아에는 쌀의 맛을 묘사하는 구리(gurie)라는 단어가 있는데 (한 사전에는 '맛있게 진한'이라고 정의되어 있다), 영국 출신 연구자는 영어에 그 맛을 가리키는 단어가 없다는 사실에 놀라움을 금치 못할 것이다. 반면 인도네시아어에는 오래된 사진의 아름다운 색을 가리키는 세피아(sepia) 같은 단어가 없다. 개념어도 마찬가지다. 자바에는 의자나 침대 밑의 빈 공간을 가리키는 롱간(longan)이라는 단어가 있는데, 영어에는 그런 말이 없다.

새로운 외국어를 배우려고 애쓰는 그런 과정은 진지한 비교학자가 되는 데 있어 정말 유익한 훈련이다. 아직은 외국어를 자국어로 완벽하게 옮겨 주는 자동번역 기술이 나와 있지 않기 때문이다. 외국어 실력이 어느 수준에 이르면 그 사회의 더 많은 것을 인식하게 되지만 여전히 아웃사이더로 남아 있다. 그런데 더 오래 머물다 보면 모든 것이 조국에서처럼 당연한 것으로 느껴지고, 전보다 호기심과 관찰력이 줄어들게 된다. 그래서 '난 인도네시아에 대해 모르는 게 없어'라는 생각도 들 것이다. 하지만 좋은 비교는 대개 그 사회의 어떤 면이 낯설게 느껴지고, 외부자의 입장에서 볼 때 가능한 것 같다.

제5장

학제간 연구

프랑스혁명 전에는 대학이 수도 적고 별로 중요한 존재도 아니었다. 1848년 전 유럽에서는 대학생들이 정치에 별 영향을 주지 못했다. 그 해 마르크스와 엥겔스의 『공산당 선언 *Communist Manifesto*』이 출간되었고, 중앙유럽과 동유럽을 지배하던 보수적인 합스부르크, 호엔촐레른, 로마노프, 오토만 제국에 맞서 유럽 여러 나라의 급진주의자, 자유주의자, 그리고 특히 민족주의자들이 반란을 일으켰다. 일반적으로 말하면, 당시 지식인은 성직자가 제일 많았고, 귀족도 상당수 포함되어 있었다. 성직자와 특히 귀족들은 부유해서 일하지 않고도 생계를 유지할 수 있었다. 학문에 관심이 있는 성직자는 수도원에서 공부할 수 있었고, 귀족은 자기 돈으로 그럴 수 있었다. 공부하는 데는 큰돈이 들지 않았다. 큰 수도원에는 많은 책을 갖춘 도서관이 있었고, 귀족들은 큰돈 들이지 않고도 좋은 서재를 갖출 수 있었다. 신문 역시 별로 비싸지 않았다. 중산층 지식인은 개인 재산이 없더라도 귀족들의 후원을 받아 공부할 수 있었다. 18세기에 새뮤얼 존슨은 완전히 혼자서, 손으로 써서 그 유명한 영어사전을 만들었는데, 지금은 생각할 수도 없는 일이다. 당시 대학은 별 역할을 하지 못했다.

그러다가 산업자본주의의 등장과 19세기에 일어난 중산층의 정치 경제적 부상 덕분에 상황이 완전히 바뀌었다. 과학 기술의 혁신이 줄기차게 이어지면서 산업화가 급물살을 탔고, 그러다 보니 자연과학의 여러 분야를 훨씬 더 체계적으로 연구할 필요가 있었다. 그 결과 정보와 아이디어를 주고받을 전문 학술지들이 등장했고, 물리학, 화학, 생물학 등 여러 분야에서 새로운 용어들이 만들어졌다. 이 '언어들'은 금세 보통 지식인들은 이해할 수 없는 난해한 존재가 되었다. 이는 산업사회에서 점점 더 빨리 광범위하게 일어난 분업 때문일 것이다. 하지만 오늘날 '사회과학'이라고 불리는 분야나 인문학에서는 좀 더 완만하게 그런 변화가 진행되었다. 20세기 초반까지도 웬만큼 교육 받은 사람은 경제학, 사회학, 인류학, 역사, 심리학, 정치학, 심지어 철학 분야의 중요한 저서들을 별 어려움 없이 읽을 수 있었던 것이다.

산업화가 본격화되면서 사회를 현대화, 합리화하기 위해 정부가 할 일이 엄청나게 늘어났다. 보건, 교육, 농업, 노동, 과학, 문화, 정보를 담당하는 부처들이 생겼고, 교역, 이민, 도시 계획

등 전문화된 부서들도 속속 등장했다. 그리고 설사 귀족들이 그러고 싶다 해도 그 계층만으로는 이처럼 급속히 늘어나는 공공기관의 인력을 수급할 수 없었다. 그렇다면 자본가나 중산층에서 관료들을 뽑아야 했고, 그러기 위해서는 더 체계적이고 현대적인 교육을 제공할 필요가 있었다. 그 결과 교육이 중요해졌고, 근본적인 변화가 필요하다는 의식이 커지면서 역사상 처음으로 국가가 교육을 담당하게 되었다. 이 과정에서 독일의 여러 국가가 선도적인 역할을 했고, 많은 유럽 국가와 미국이 그들을 전범으로 삼았다. 그중에서도 원래 귀족 계층이 없었던 미국에서는 이 변화가 특별한 형태로 진행되었다.

하지만 학문 분야들이 '합리적으로 조직'되는 데는 오랜 시간과 많은 노력이 필요했고, 인문학과 사회 과학에서는 더 그랬다. 예컨대, 영국에서는 제2차 세계대전 후까지도 고전학의 위상이 대단했다. 제대로 교육 받은 교양 있는 '신사'라면 당연히 고전을 알아야 했다. 그런데 고전학이라는 게 역사, 고고학, 문학, 철학, 언어학, 미술사를 다 포괄하는 분야였고, 고전학보다 위상은 낮았지만 그래도 여전히 중요한 동양학 역시 그처럼 여러 분야가 뒤섞인 학문이었다. 문학은 특별한 분류 기준도 없이 영문학, 프랑스 문학, 독일 문학, 이탈리아 문학, 러시아 문학으로 대별되었다. 식민지 연구와 민담 연구에서 생겨나 말리놉스키식 현장 연구를 통해 강화된 인류학은 제1차 세계대전 후에야 새로운 학문 분야로 등장했다. 독일과 프랑스가 선도했던 사회학은 1945년 이후에야 영국의 여러 대학에서 학문 분야로 인정받았다. 인류학과 사회학을 같은 학문의 하위 전공들로 간주하는 대학도 많았다. 데이비드 흄과 애덤 스미스의 명성 덕분에 정치학과 경제학 역시 한 분야로 간주되곤 했다. 역사는 시대나 나라별로 대별되었는데, 이는 전혀 과학적이지 않은 분류 기준이었다. 철학 안에는 수학, 언어학, 지성사, 정치학이 혼재했다.

아주 최근까지 영국인들이 박사학위가 없어도 대학 교수가 되거나 최고 수준의 연구를 수행할 수 있다고 생각했다는 사실은 많은 것을 보여 준다. 1950년대 중반 내가 아는 케임브리지의 원로 교수들은 미국인들이 박사학위 취득에 그렇게 매달리는 건 독일을 맹목적으로 모방하는 짓이라고 말하곤 했다. 19세기 후반 독일이 하나로 통합되기 전에는 각 공국마다 대학이 있어서 미래의 관료와 교수들을 배출했는데, 이런 대학의 교수가 되려면 박사학위가 필요했기 때문에 독일에는 박사가 많았다. 그런데 영국 대학들은 학과장 제도였기 때문에 학과에 정교수는 한 사람뿐이었다. 어느 과에 새 교수가 임용되면 다른 교수들은 박사 논문을 쓸 필요가 없었다. 영국 학자들이 박사학위 취득을 학자의 필수 코스나 출세의 방편으로 생각하는 독일인이나 특히 미국인을 얕잡아본 이유도 그 때문이었다. 또 다른 이유는, 영국에서는 경제학이나 사회학을 과학적인 학문이라고 생각하는 교수가 많지 않았다는 것이다. 영국 학자들은 그런 분야를 동양학과 비슷하게 실용적인 학문이라고 생각했다. 그 시대 학문은 기본적으로 학제간 연구였다고 생각하는 학자들도 있다. 하지만 이는 시대착오적 발상일 수 있다. 학제간 연구가 이루어지려면 일단 각 전공이 제대로 정립되어 있어야 하기 때문이다. 그런데 학문에서 전공이 중요해진 것은 그 분야들이 대학의 어떤 기관이나 조직에 소속되어 들어간 이후였다. 세 가지 중요한 변화가 이 과정을 이끌었다.

첫째, 미국 역사학회(1884)와 그 학회지인『미국 역사학 리뷰』(1895), 미국 경제학회(1885)와『미국 경제학 리뷰』(1911), 미국 인류학회(1902)와『미국의 인류학자』(1888년, 원래는 워싱턴 인류학회가 창간), 미국 정치학회(1903)와『미국 정치학 리뷰』(1906) 등 국내에 그 학문을 전공하는 학자들이 많다는 사실을 암시하는 명칭을 내건 전문 학회와 학술지들이 등장했다. (내 친구 가토 쓰요시 말로는, 흥미롭게도 일본에서도 미국과 똑같은 시기에 그런 일이 일어났다고 한다.) 그런데 그런 학회지의 편집을 좌지우지한 유명한 학자들이 나름의 편견과 인맥을 갖고 있었기에, 거기서 배제되거나 밀려난 학자들이 금세 또 다른 편견과 인맥을 바탕으로 같은 분야의 학회와 학회지를 창간했다. 대다수 대학에서 심사를 통해 논문을 게재하는 학술지에 논문을 실어야 정교수가 되거나 승진할 수 있었기 때문에 전문성을 표방하는 학회지가 급속히 늘어났다. 나와 절친한 한 선배 교수는 어느 날 심사자가 있는 학술지에 게재된 논문을 읽는 사람은 편당 평균 2~3명 정도라며 웃었다.

둘째로 중요한 요소는 바로 대학 내 권력 구조의 변화였다. 이 변화를 가장 분명히 보여 준 것은 특정 전공을 가르치는 학과에 가장 많은 예산을 배당하는 재무 시스템이었다. 교수의 선발과 임기 결정 역시 거의 전적으로 학과의 권한이었다. 그리고 많은 경우 이 권력은 상당히 보수적이고 때로는 희화적인 결과를 낳았다. 대학 내 학과들을 보면 대개 나이 든 교수들이 이 권한을 갖고 있었는데, 본인들이 학문적으로 절정을 지났다는 사실을 깨닫는 순간 새로운 기능과 관심을 지닌 젊은 학자들의 저작을 불신하는 경우가 많았다.

셋째, 대학 내 학과들은 더 넓은 학문 영역을 과학적으로 나눈 여러 전공 중 하나고, 학부는 어떤 기본적인 담화를 공유하는 전공들의 집합체라는 기분 좋은 믿음에 바탕을 두고 있다. 그런데 사실 이 믿음은 허구에 불과하다. 학문은 계속 변하고, 여러 방향으로 발전하기 때문이다. 예컨대, 미국에서 인류학과들이 처음 생겼을 때는 고고학과 진화생물학도 거기 속해 있었다. 하지만 고고학이 화학을 기반으로 하는 고도로 기술적인 분야로 바뀌고, '인류의 발생'에 대한 연구가 원시 인류(hominid)가

살던 아주 오래 전까지 거슬러 올라가고 생물학에 대한 깊은 지식을 요하게 되자 인류학은 이 두 학문과 같이 갈 수가 없게 되었다.

고고학자와 마찬가지로 문화인류학자들 역시 진화생물학 때문에 비슷한 문제에 봉착했고, 진화생물학자들도 고도로 발달한 친족 연구 및 비교종교학 때문에 같은 시련을 겪었다. 이들은 서로의 논문을 읽지 않았고, 그들이 쓴 논문은 어차피 전혀 다른 학술지에 실려 있었다. 이 과정에서 살아남은 학과들은 주로 행정이나 예산의 틀 덕분에 버틸 수 있었다.

코넬에서의 내 체험이 좋은 예가 될 것이다. 어느 날 예술과학대학(Arts and Sciences) 학장이 나와 수학과 교수를 부르더니, 심리학과에 심각한 문제가 생겼으니 알아보라고 했다. 학생들에게 인기 있고 논문 실적도 많은 젊은 교수가 정년 신청을 했는데 거절당하자 번복을 요구하고 있다는 것이었다. 학장 말로는 심리학과는 지난 10년간 누구에게도 정년 보장을 해준 적이 없었다. 수학과 교수와 같이 이 일을 조사해 보니 정말 흥미로운 상황이었다. 그 과의 정년 교수들은 서로 아주 싫어하고 상대에 대한 호기심도 없는 세 집단으로 나뉘어 있었다. 행동주의 심리학자들은 쥐들을 연구하고 생물학과 깊은 연관을 갖고 있었다. 두 번째 집단은 프랑스 심리분석학자인 자크 라캉과 프로이트의 이론에 완전히 경도되어 있었다. 세 번째 집단은 같은 자동차 사고를 목격한 사람들이 서로 전혀 다른 이야기를 하는 이유 같은 것을 연구했다.

조사하다 보니 지난 10년간 아무도 정년을 받지 못한 이유를 금방 알 수 있었다. 어떤 교수가 정년 보장을 신청하면 그 분야에 관심이 없거나 그 분야를 경멸하는 다른 두 집단이 바로 나서서 반대했기 때문이었다. 내가 근무한 학과에서도 복잡한 수학 모델이나 방정식을 연구하는 집단과, 플라톤이나 니체를 연구하는 집단은 서로의 논문을 이해하지 못했고, 이해하려고 하지도 않았다.

그때 학장이 어떤 결정을 내렸는지는 기억나지 않지만, 내 짐작으로는 그 교수의 정년 신청을 받아주면 다른 두 집단에게도 (쥐 연구 교수 한 명, 라캉 연구 교수 한 명 이런 식으로) 두 자리를 만들어 주기로 약속했을 것 같다. 그뿐만 아니라, 학장은 학과를 쪼개거나 일부 교수를 다른 학과로 보내려 들면 엄청난 저항이 있을 거라는 사실도 알고 있었다. 교수들은 제도적 타성, 예산 삭감에 대한 두려움, 장·단기적 관점에서 예상되는 '지위' 상실에 대한 우려 때문에 학과 내에서 서로 싸울 수밖에 없었다.

이 문제들은 대학을 둘러싸고 있는 사회의 두 가지 큰 (양적, 질적) 변화 때문에 더 악화되었다. 1900년 미국에서는 고교 졸업생의 약 2%인 3만 명 가량의 학생이 학사 학위를 취득했다. 2005년에는 150만 명의 학생이 대학을 졸업했고, 청년층의 36%

가 학사 학위를 갖고 있다. 그런데 이 숫자가 10년마다 일정한 속도로 서서히 늘어난 것이 아니다. 제2차 세계대전 말까지는 주로 부유층이나 인맥이 좋은 집 애들이나 대학에 갈 수 있었다. 그런데 종전 후 경제가 좋았던 20년 동안 대학들이 우후죽순처럼 생겨나고 더 많은 사람이 대학 진학을 꿈꾸었다 (현재 미국에는 1,400여 개의 4년제 대학과 종합대학이 있다). 이런 변화의 배경에는 전쟁에 동원된 엄청난 수의 미국인이 있었는데, 그중에는 이전에 차별 받았던 흑인과 여성도 포함되어 있었다. 제대 군인들은 조국을 위해 희생한 대가로 대학 교육을 받고 싶으니 그 비용을 대라고 요구했고, 정치적으로 강력한 로비를 펼쳤다. 그 결과 제대군인원호법(G. I. Bill)으로 불리는 군인사회재적응법(Servicemen's Readjustment Act)이 통과되었다.

학생 수가 급격히 늘어나니 교수도 많이 뽑아야 했다. 앞에서 말했듯이 1958년 내가 처음 코넬에 왔을 때는 정부학과의 교수가 8명 (모두 남성)뿐이었다. 그런데 그 후 15년 동안 교수 수가 네 배 가까이 늘었고, 여교수도 여러 명 임용되었다. 그런데도 명문대 치고는 교수 수가 적은 편이었다. 하버드나 버클리에 있는 유사 학과들의 경우 70명 이상의 교수가 있었다. 그 결과 학과 회의를 주선하기도 힘들었고, 교수들 간의 친목을 도모하거나 유지하기도 어려웠다.

이렇게 교수 수가 늘다 보니 질적인 측면에서는 유럽에서 온 학문 전통 대신 '전문성'이라는 새로운 개념이 등장했다. 그러면서 대학원생에 대한 요구도 많이 달라졌다. 내가 처음 미국에 왔을 때, 우리는 (전통적으로 학문에 필요한 국제어인) 프랑스어와 독일어 독해 시험만 통과하면 박사학위를 청구할 수 있었다. 그런데 1970년대 초에는 프랑스어나 독일어 시험을 합격하든지, 1년 동안 통계학 강의를 들으면 그만이었다. 그리고 그 후에는 외국에서 현장 연구를 할 학생이 아니면 외국어를 안 해도 박사학위를 받을 수 있게 되었다.

1961년 인도네시아로 떠나기 전 나는 닷새 동안 하루 한 과목씩, 다섯 분의 교수가 출제한 비교정치학, 정치이론, 미국 정치, 미국 정치사회학, 아시아 정치학 등 다섯 개의 시험을 통과해야 했다. 15년 후, 학생들은 교수위원회가 표준화한 두 개의 시험을 보면 됐는데, 원하면 몇 달 간격으로 볼 수도 있었다. 이 후배 학생들도 우리만큼 열심히 공부했지만, 그들은 '전문적인' 훈련을 받고 있었다. 다른 명문대에도 있는 표준화된 과목들을 수강하며 비슷한 교재들을 읽고 '현대 이론'(이 말은 나중에 여러 번 바뀌었지만)에 특히 방점을 둔 교육을 받고 있었던 것이다. 내가 '전문적'이라고 하는 것은, 그들은 일반적인 의미의 교육을 받는 게 아니라, 박사 논문을 끝낸 뒤 '대학 취업 시장'에서 유리한 경쟁력을 갖추기 위해 훈련을 받고 있었기 때문이다. 의사나 변호사가 전문적인 시험을 통과해야 진료를 하거나 변호사로 활동할 수 있는 것처럼, 학생들도 그런 시험들을 통과하고 박사학위를 받아야 대학에 취직할 수 있게 된 것이다

이처럼 교수라는 직업이 전문화되고 각 과마다 숫자도 급증하면서 학과의 문화도 많이 달라졌다. 앞에서 말했듯이, 우리가 대학원 다닐 때는 다들 매 학기 학부 수업을 했기 때문에 학부생이나 몇 분 안 되는 교수님들과 접촉이 많았고, 그 분들의 관심사나 전공을 바탕으로 지도교수를 골랐다. 그런데 10년 후에는 장학금 액수도, 대학원생 수도 확 늘어나면서 학부생을 가르칠 필요가 없어졌다. 대학원생들이 게으르거나 이기적이어서가 아니라 교수들을 모델로 해서 전문성을 길러야 했기 때문이다.

각 과의 교수 수가 늘어나면서 유명 교수들은 젊은 교수에게 대형 학부 강의를 맡기고, 본인들은 대학원생 세미나에 집중했다. 그러다 보니 대학원생들은 대여섯 분의 (원로) 유명 교수를 지도교수로 골랐고, 나머지 교수들은 논문 지도할 기회가 거의 없었다. 학생들 입장에서는 이런 '거물' 교수에게 지도를 받아야 취업할 때 도움이 많이 될 것 같았기 때문이다. 이런 상황에서는 또 다른 과 강의를 들을 이유도 별로 없었다. 취업에 도움될 리도 없고, 오히려 '아마추어'라는 오해를 받을 수도 있었기 때문이다.

그렇지만, 이런 경향에 반하는 요소도 여럿 있었다. 오랜 기간 지역 연구가 특히 그랬는데, 앞에서 말했듯이 이 분야는 재

정 등 여러 면에서 연방 정부와 교육에 관심이 있는 사립 재단들의 지원을 받고 있었다. 예컨대, 1950년대에 이미 코넬에는 중국-일본, 동남아시아, 남아시아, 남미 프로그램이 개설되어 있었고, 그 후 서유럽, 동유럽, 중동 분야 등도 개설되었다. 코넬에는 또 전쟁 전부터 작은 아시아 연구 학과들도 개설되어 있었는데, 거기에는 주로 근대 이전의 중국, 일본사, 문학, 종교에 관심 있는 학생과 교수들이 소속되어 있었다. 그때는 문학이나 역사 하면 당연히 유럽의 문학과 역사를 뜻했기 때문에, 아시아의 문학이나 역사를 문학이나 역사학과에 집어넣기는 불가능했다. 그 결과 영국에서는 동양학과에서, 미국에서는 아시아 연구 학과에서 그런 과목들을 가르치게 되었다.

이런 지역 연구 학과들은 정도는 다르지만 모두 학제적이었고, 그중 많은 수가 나름의 학회지, 강좌, 런치 모임을 운영하고 있었다. 내가 '학제적(cross-disciplinary)'이라고 하는 것은, 한 학과에 여러 전공 교수들이 섞여 있고, 대학원생들이 학위논문 심사 위원으로 그중 세 사람을 고를 수 있었다는 뜻이다. 이는 어떤 분야를 연구하는 학자가 다른 개념이나 분야를 자신의 연구에 원용하는 '다학제적(multidisciplinary)'이라는 개념과는 다르다.

미국 전체를 볼 때, 이 분야에도 아시아 연구학회(Association for Asian Studies) 같은 학회(와 학회지)들이 있었고, 이들은 매년 수십 개의 패널과 수백 편의 논문이 등장하는 대규모 학회를 열었다.

그렇지만 이들은 기존의 다른 분야 학회들과 달랐다. 기존 학회에서는 가장 중요한 것이 구직 활동이었다. 박사 논문 지도교수가 영향력 있는 다른 대학 원로 교수들에게 제자를 선보이고 그들의 연구 실적을 칭찬하면서, 혹시 그 대학에 빈자리가 있으면 면접도 보도록 하는 게 학회의 주목적이었던 것이다. 그런데 그런 생각으로 아시아 연구 학회에 가는 학생은 없었다. 이 분야를 전공한 학생을 교수로 뽑는 경우는 별로 없었기 때문이다. 그래서 분위기도 더 느긋하고, 패널들도 더 다양했으며, 다른 학회들보다 훨씬 즐거웠다. 학회라기보다 연례 소풍 같은 분위기였던 것이다.

지역 연구는 외부 지원금이나 대학 내 영민한 관리자들의 도움이 많이 필요한 분야였다. 지역 연구 안에서도 분야별로 세력의 불균형이 심했고, 시간이 흐르면서 그 양상이 바뀌었다. 인도차이나 반도에서 미국이 패하기 전까지는 동남아시아 연구쪽이 힘이 있었고, 학부생들도 그쪽 수업을 많이 들었다. 미국이 잠시 일본 경제의 약진에 충격을 받았던 1970년대 말과 80년대에는 일본 연구가 득세했다. 원래부터 힘이 있었던 중국학은 중국이 미국 학자들을 받아들이기 시작하자 더 큰 힘을 갖게 되었다. 남아시아 연구는 훨씬 약했는데, 미국인들이 그 지역을 '여전히 영국적'이라고 생각했기 때문이기도 하지만, 미국 정부가 별로 신경 쓰지 않는다는 사실도 중요한 원인이었다. 인도는 인디라 간디[1]의 짧은 군사정권 기간을 제외하면 '세계 최대의 민주국가'였기에 당시 '중공'을 견제하는 데 유용한 나라였다. 또 다른 중요한 요소는 바로 인도와 구 파키스탄이 외국 학자들, 특히 미국 학자들의 연구를 점점 더 강하게 제한하고 있었다는 사실이다. 비자 받기도 힘들고, 연구 금지 주제도 늘어나고 있었다.

타 분야와 지역 연구 간의 갈등이 꼭 나쁜 것만은 아니었다. 1990년대까지는 돈이 넘쳐났고 대학 정원도 여전히 증가 추세였기 때문에, 서로 타협하거나 교수로 받아줄 여지가 있었던 것이다. 양쪽을 오가며 잘 나가는 학자도 많았다. 하지만 지역 연구에서 힘이 있으려면 결국 중국-일본학의 존 페어뱅크(John Fairbank), 동남아시아학의 클리포드 기어츠와 조지 카힌, 남아시아학의 수전 루돌프(Susan Rudolph) 부부 같은 유명 학자를 배출하는 수밖에 없었다.

그런데 지역 연구, 특히 아시아 관련 학과들은 비장의 무기가 있었으니, 바로 유학생이었다. 이른바 '세계화'가 시작되면서 외국 학생의 수가 급격히 늘어났는데, 이들은 '우리와 똑같은'

---

1 인디라 간디(Indira Gandhi, 1917~84): 17년간 집권한 인도의 첫 총리 자와할랄 네루의 딸로 아버지에 이어 총리의 자리에 오른 인도 최초의 여성 총리(1966~77년, 1980~84년). 경제 안정에 이바지했지만 1975년 비상사태 선포 등 강권 정치로 비판받음.

서구인이 아니라, 태국, 남미, 인도네시아, 일본, 필리핀, 한국, 인도, 스리랑카, 그리고 그 후에는 이란, 아프리카, 아랍에서 온 학생들이었다. 그래서 처음에는 "여기는 미국인을 위해 설립된 미국 대학인데"라든가 "아시아 학생들은 영어도 못하고, 강의도 못 알아듣고, 수업 조교도 못하고, 이론적으로 생각할 능력도 없다"고 투덜대는 교수들도 더러 있었지만, 시간이 흐르면서 다들 외국인 학생의 존재에 익숙해졌고 (어떤 학생들은 정말 뛰어난 실력을 발휘했다), 좋아하게 되었다. 우리 학과의 경우 1980년대 후반부터 아시아인 교수들을 채용하기 시작했다.

일본 대학들은 더 나중에야 외국 학생의 가치를 깨달았다. 유학생을 받으면 여러 면에서 유익했지만, 특히 자국 학생들에게 큰 도움이 되었다. 타 학과들과 지역 연구 간의 관계를 보면, 전후 일본은 미국과 많이 달랐다. 일본에서는 타 학과들과 지역 연구의 제도화가 미국과는 다른 식으로 이루어졌던 것 같다. 힘이 다른 두 분야의 통합이 아니라 분리의 양상을 띠었던 것이다. 최고 명문대의 경우, 일반 학과들은 미국에서보다 훨씬 더 큰 힘을 갖고 있었다. 메이지 시대에 시작되어 독일의 영향을 많이 받은 근대 일본의 교육 제도는 훌륭한 면도 많았지만 미국보다 더 위계적이었기 때문이다. 그런 환경에서 학제적 지역 연구학과를 만드는 건 쉬운 일이 아니었다. 그래서 지역 연구의 정치·경제·외교적 잠재력을 알고 있는 일본 문부성 공무원들은 (주류 대학의 학과들보다는 세력이 약하지만) 기존 대학의 내부나 밖에 지역 연구자들이 모일 수 있는 별도의 기관들을 설립했다.

게다가, 전후 일본에는 미국의 큰 대학 안에 지역 연구 학과를 설립할 재정적, 정치적 지원을 해준 록펠러, 포드, 멜런 같은 돈 많고 강력한 재단들이 없었다. 하지만 일본 시스템에도 좋은 점이 있었으니, 그중 가장 중요한 것이 바로 지역 연구 학자들이 독자적인 연구를 진행할 수 있었다는 사실이다. 단점이라면 이 특별 연구기관들은 문부성에서만 재정적, 정치적 지원을 받았기 때문에 어떤 정책을 미는 문부성의 압력을 거부하기 힘든 때도 있었다는 것이다. 일반 학과들과 지역 연구학 기관들이 상생적인 관계를 유지하기도 어려웠다.

마지막으로, '급진적인 60년대'에 미국 대학을 휩쓴 혼란 덕분에 소위 '정체성의 정치'가 등장했다는 것이다. 이 운동의 선구자는 전투적인 흑인 학생들이었다. 이들은 대학 당국에 흑인 연구 학과를 설치하고, 흑인 교수와 학생을 더 많이 뽑아 달라고 요구했다. 그리고 뒤이어 전투적인 페미니스트, 게이, 레즈비언 학생들이 나서서 현재의 정규 교육 과정은 그들의 역사적인 역할과 그들이 겪어 온 수백 년 묵은 차별을 무시하거나 주변화하고 있다고 주장했다.

1970년대에는 아메리칸 인디언, 미국에서 태어난 동아시아, 동남아시아, 남아시아의 여러 나라와 중남미 이민의 자녀 등,

다양한 소수 인종 학생들이 그 뒤를 이었다. 이런 요구에 부응하고, 아시아 쪽 입학생 수가 상대적으로 적다는 사실을 감안해 대학들은 아시아-아메리칸 학과들을 개설하고, 그쪽 학생들의 정체성 이익에 부합하는 강좌를 가르칠 젊은 교수들을 채용하기 시작했다. 그러나 이런 '합병' 학과들이 성공한 경우는 많지 않다. 예컨대 필리핀-아메리칸과 사모아-아메리칸, 차이나-아메리칸, 타이-아메리칸 사이에는 공통점이 별로 없었기 때문에 학생들은 각자 자신의 조국을 집중적으로 다루는 강의를 듣고 싶어 했다.

코넬의 규모가 커지면서 우리 과는 내가 돌아가기 전에 이미 중국 전문가를 채용했다. 내가 부교수가 되던 해(1967년)에는 예일대 출신의 남미 연구자가 들어왔고, 그 얼마 뒤에는 페미니즘에 관심 있는 인도 전문가가 들어왔다. 그 후 5년 동안 나 역시 새로운 강좌를 만들고, 학부생들을 지도할 프로그램을 계발하고, 수하르토 치하의 인도네시아를 연구하느라 학과에 신경 쓸 여유가 없었다.

1971~72년 내가 종신직을 신청한 당시에는 나를 해고하기가 쉽지 않았을 것이다. 베트남전쟁이 한창 진행 중인 터라 카힌의 명성과 영향력이 여전한 데다, 이 역시 아주 중요한 사실인데, 코넬대 출판부가 내 박사 논문을 펴냈다는 것이다. 그런데도 나

중에 어떤 선배 교수가 이런 말을 했다. "자네 책 괜찮아 보였지만 다 읽지는 않았네. 그냥 역사책인가? 이론은 없는 것 같던데. 그래도 자바 문화의 권력 개념은 흥미롭더군. 마키아벨리, 홉스, 마르크스, 베버 얘기가 나와서 더욱 그랬지." 사실 카힌 말고는 아무도 내 책에 별 관심이 없었고, 나는 왠지 아웃사이더가 된 느낌이었다. 나중에 어떤 학생이 얘기해 준 건데, 한 뛰어난 선배 교수가 학생들에게 이렇게 말했다고 한다. "앤더슨은 머리는 좋지만 기본적으로 지역 연구가야." 그건 내가 이류라는 뜻이었다. 나 역시 스스로 지역 연구가라고 생각하기 때문에 그 말을 들어도 섭섭하지 않았다.

『상상의 공동체』가 런던의 버소(Verso) 출판사에서 나왔을 때, 영국과 미국 학자들의 반응이 너무 달라서 흥미로웠다. 아주 오래 전이지만 그 당시 영국에는 아직 '고품격 언론'이 남아 있었다. 뛰어난 지식인과 학자들이 글도 기고하고 비평도 하는 좋은 신문들이 있었던 것이다. 영국에서 케임브리지의 유명한 인류학자 에드먼드 리치(Edmund Leach), 아일랜드의 저명한 정치가이자 정치사가인 코너 크루즈 오브라이언(Connor Cruise O'Brien), 자메이카의 떠오르는 마르크시스트 윈스턴 제임스(Winston James)가 호평해 준 기사들을 보며 놀랍기도 하고 기쁘기도 했다. 그들은 물론 영국에서 오랫동안 이어진 민족주의 논쟁에 대해 잘 알고 있었기 때문에 내가 그 논쟁에 어떤 기여를 했는지 정확히 이해하고 있었다.

그런데 미국에서는 아무런 반응이 없었다. 어찌 보면 당연한 일이었다. 애초에 미국 독자를 위해 쓴 책이 아니었기 때문이다. 게다가 미국에는 고품격 전국지가 별로 없었다. 그런데 유럽 출신의 한 연로한 정치학자가 『미국 정치학 리뷰』라는 학술지에 서평을 썼다. 제목은 그럴 듯하지만 쓸모없는 책이라는 내용이었다.

그런데 1980년대 말 냉전이 끝나고 소련이 무너지자 상황이 급속도로 바뀌었다. 제국들이 다 그렇듯이 미 제국도 적이 필요하다. '공산주의의 위협'이 사라지자 그 공백을 '위험한 민족주의'(여기에는 물론 미국의 민족주의는 포함되지 않았다)라는 개념이 채웠다. 소련 연구의 센터 중 하나였던 케넌연구소(Kennan Institute)의 높은 분이 급히 전화를 걸더니 빨리 와서 강연 좀 해달라고 호소했던 날이 생생히 기억난다. 당시 나는 소련이나 러시아에 대해 잘 몰랐기 때문에 왜 그러냐고 물었다. 그러자 놀랍게도 그분이 이런 말을 했다. "소련 연구는 끝났네. 그래서 연구비도 안 들어오고 학생들도 취업을 못하고 있지. 구소련은 온통 민족주의자들로 넘쳐나는데 우리 연구소에는 민족주의를 연구한 사람이 없거든 지금 미국에서 우리를 도와 연구소를 살릴 수 있는 사람은 몇 명 안 되는데, 자네가 그중 한 사람이거든." 나는 가지 않았다.

두 번째 요인은, 주로 입소문을 통해서『상상의 공동체』가 역사, 사회학, 인류학, 그리고 이상하게도 영문학과 비교문학학과 사람들의 관심을 끌었고, 여러 대학원 수업에 교재로 쓰이게 되었다는 것이다. 정치학과만 예외였는데, 여기도 결국 민족주의 강의를 개설해 달라는 학생들의 요구 때문에 그 책을 채택할 수밖에 없었다. 놀랍게도 그 당시 미국에는 민족주의를 다루는 강의가 거의 없었다. 그 결과 1950년대에 나의 위상은 완전히 달라졌다. 그냥 지역 연구자가 아니라 갑자기 '이론가'가 되었고, 그전에는 생각지도 못했던 '민족주의 이론'이라는 대학원 강의까지 맡게 되었다. 그뿐 아니라 수강생 중에는 정치학과만이 아니라 역사, 인류학, 비교문학, 사회학과 학생들도 있었다.

'민족주의의 이론과 실제' 강좌는 정말 좋았다. 인류학과 학생들에게 루소를 읽히고, 정치학과 학생들에게 19세기 쿠바 소설을 읽히고, 사학과 학생들에게 리스트[2]의 경제학을 읽히고, 사회학과와 비교문학과 학생들에게 마루야마 마사오(丸山眞男)를 읽혔기 때문이다. 마루야마를 읽힌 것은 그가 아시아 및 일본을 연구하는 정치학자였을 뿐 아니라 여러 분야의 책을 섭렵하고 유머 감각과 역사의식도 뛰어난 최고의 지식인이었기 때

---

2 프리드리히 리스트(Friedrich List, 1789~1846): 독일의 경제학자로, 주저는 『정치경제학의 국가적 체계』(1841). 보호무역주의자, 국가경제주의자로 인식됨.

문이다. 다행히 그의 저서들이 영어로 번역되어 있었다. 그런데 대충 봐도 학생들이 너무 전문적인 훈련을 받은 나머지 다른 분야의 학술 용어나 이념, 이론을 제대로 이해하지 못했다. 이 장벽을 무너뜨리고 학술적인 소통을 하게 만드는 게 내가 선생으로서 해야 할 일이었다.

마침 그즈음에 '학제간 연구'라는 개념이 유행하기 시작했다. 여러 연구 분야와, 특정 학문을 대표한다는 대학 내 각 학과의 보수적인 권위 사이의 간극에 대한 불만에서 생겨난 개념 같은데, 각 학문을 토대로 하는 학과들에게는 현상(現狀)이 유지되는 게 여러 가지로 유리하다. 그런데 학자들이 실제로 연구하는 분야는 기존 학과의 틀을 벗어날 수도 있고, 변화하는 현실이나 사회적 필요, 또는 연구자 본인의 학문적 관심에 따라 바뀔 수도 있다. 세계 어디서나 사회, 경제, 정치, 기술이 눈부시게 변하고 있는 우리 시대에는 더더욱 그럴 것이다. 그 결과 학문 분야와 학과 간의 간극이 생겨났고, 점점 더 커지고 있는 것이다. 여러 학문의 요소가 결합되는 학제간 연구가 늘어나고 있다는 것은 그 밖의 다른 현상을 봐도 알 수 있다. 문화 연구나 탈식민지 연구 같은 흥미로운 분야들이 생겨났고, 혹자는 학제간 연구가 여러 학과와 지역 연구를 잇는 다리 역할을 할 거라는 낙관적인 예측도 하고 있다. 처음 얼마 동안은 '유행'도 한몫했던 것 같다.

학제간 연구라는 일반적인 개념은 매력적이지만, 한편으로 모호하기도 하고 그 의미 또한 서로 전혀 다른 다양한 해석이 가능했다. 그중 가장 기본적인 두 의미를 보면, 첫째는 '둘 사이의'라는 뜻을 가진 라틴어 접두사 'inter'에서 나온 의미다. 다시 말하면, 두 학문 '사이에' 존재하는 큰 공간에서 벌어지는 연구라는 뜻이다. 예컨대, 그대가 필리핀 트랜스젠더들의 정교하면서도 자주 시적인 언어를 그 정치, 사회, 역사, 경제적 맥락에서 연구하고 싶다면, 이 학문들 속에 이런 종류의 연구를 하는 데 적당한 여지가 있을까? 그대에게 도움이 될 성차(性差) 연구가 존재할까? 그럴 수도 있다. 이런 식의 연구를 진행한 학자 중에는 몇 개 분야를 자유롭게 오가며 흥미롭고 귀한 정보를 발굴해 낸 경우도 적지 않지만, 연구 결과물 자체를 보면 두서없고, 일화(逸話)적이고, 학문적으로 허술한 경우가 많았다. 그런 이들에게 '문화 연구'는 유용하고 권위 있는 틀이었지만, 개중에는 정말 수준 높은 문화 연구는 드물다는 사실을 모르는 이들도 있었다.

두 번째 의미는 두 개 이상의 분야에서 사용되는 기본적인 틀과 연구 방법들을 체계적으로 결합하는 것은 쉬운 일이 아니라는 인식을 담고 있다. 그런 경우 연구자는 각 학문을 철저히 이해해야 하고, 그 학문들을 이어 줄 상위 틀을 정교하게 구축해야 한다. 정말 뛰어난 학자만이 이런 작업을 제대로 할 수 있을 것이다. 언어 정책 및 일상적인 언어 사용 뒤에 존재하는 정치성을 분석한 데이비드 레이튼(David Laitin)[3]의 탁월한 비교 연구를 보면 정치학과 사회언어학이 얼마나 멋지게 결합될 수 있는지 알 수 있다. 이 두 '기본적인 견해'는 물론 스펙트럼의 양쪽 끝에 있고, 대부분 학자는 이 둘 사이의 어딘가에서 연구할 것이다.

신진 학자들이 연구를 기획하고 연구비를 확보하는 학문적 풍토도 살펴볼 필요가 있다. 그 면에서도 미국은 극단적이기는 하지만 좋은 예다. 박사 논문 연구비는 보통 사설 재단이나 정부 기관에서 나온다. 연구비를 타려면 '논리적이고, 정연하고, 빈틈없이 짜인' 훌륭한 연구계획서가 필요하다. 그런 재단이나 기관의 평가위원은 대개 그 '학문'의 저명 교수들이기 때문이다. 학생들은 금세 어떤 신청서가 '먹히는지' 알아내 정보를 공유한다. 그런 심사를 할 때 계획서들이 서로 아주 비슷해 보이는 건 바로 그 때문이다.

정치학과 학생들은 일 년 안에 입증할 수 있는 가설을 제시해야 하는데, 이렇게 시간 제한을 두는 것은 좋지 않다. 학생들 입장에서는 어려운 주제를 시도하기에 너무 짧은 시간이기 때문이다. 가설을 제시하라는 요구도 좋지 않다. 처음부터 맞든지,

---

3 데이비드 D. 레이튼(1945~): 미국 스탠퍼드 대학교 교수로『정치, 언어, 사고: 소말리인의 경험』(1977),『국가, 정부, 폭력』(2007) 등의 저서가 있음.

틀리든지 두 가지 답만 있다는 것을 전제로 하고 있기 때문이다. 연구 범위 역시 늘 문제다. 학생이 메이지 시대의 성(性) 이념과 실제를 연구한다고 하면, 교수는 대개 '성 이념만 해. 흥미로운 10년만 고르고, 도쿄의 경우만 연구해. 안 그러면 언제 끝내고 취직하니?' 할 것이다. 경제적 상황이나 취업난을 생각하면 그 말도 옳지만, 교수가 그렇게 말하면 학생은 대담하고 야심찬 연구를 할 수가 없다.

적어도 내 생각에, 흥미로운 연구를 하려면 아직은 답이 없는 문제나 질문에서 출발하는 게 좋다. 그런 다음, 도움이 될지 안 될지는 모르지만 (담화 분석, 민족주의 이론, 설문 등) 연구에 사용할 학문적 도구를 정해야 한다. 그다음에는 최대한 폭넓은 학문적 배경을 갖기 위해 그대와 다른 학문이나 학과의 연구자들에게 도움을 청해야 한다. 운도 필요하다. 마지막으로, 연구 주제가 충분히 논리적이고 정연해지려면 시간이 필요하다. 『상상의 공동체』를 쓸 당시, 처음에 나는 이런저런 의문을 갖고 있었다. 언제 어디서 민족주의가 생겼을까? 그 말은 왜 그렇게 선정적일까? 그 개념이 그렇게 빨리 전 세계로 퍼져 나간 건 '메커니즘' 때문일까? 민족주의 사학자들은 왜 그렇게 신화적이고 허황된 얘기를 할까? 민족주의를 다룬 책들은 왜 그렇게 맘에 안 들까? 그런 저작들이 아니면 어떤 자료를 읽어야 할까?

나는 두 가지 전제만 갖고 연구를 시작했다. 내가 구하고 있는 답은 세계를 변화시키고 있는 자본주의와 어떻게든 관련이 있을 것이다. 그런데 마르크스는 인쇄-자본주의(print-capitalism)에 별 관심이 없었던 반면, 엘리자베스 아이젠슈타인(Elizabeth Eisenstein)[4] 같은 뛰어난 학자들은 인쇄술에는 관심이 많았지만 자본주의에는 별 관심이 없었다. 그렇다면? 둘째, 민족주의가 과거의 인종 집단들을 토대로 생겨났다는 유럽 학자들의 일반적인 생각은 옳지 않을 것이다. 그 가설만 가지고는 아메리카 대륙에서 발생한 초기 민족주의나, 나중에 제3세계 반식민주의 운동의 민족주의들은 설명할 수 없었기 때문이다. 이 때 동생 로리가 내게 뤼시앵 페브르와 앙리 장 마르탱의 걸작 『책의 탄생 *L'appartion du livre*』[5]을 읽어 보라고 했고, 짐 시글(Jim Seigle)이 친절하게도 그 책을 갖다 주었다. 초기 자본주의와 인쇄술의 결합을 정말 자세하게 그린 대단한 책이었다. 빅터 터너[6]의 멋진 작업, 특히 반(半)심리적인 '순례' 개념도 크리올(Creole)과 반식민적 민족주의의 수수께끼를 푸는 데 도움이 될 실마리를 주었다.

---

4 엘리자베스 아이젠슈타인(1923~2016): 미국의 역사학자로 주저는 『근대 유럽의 인쇄 미디어 혁명』(1979).

5 『책의 탄생』(1958)은 프랑스 아날학파의 창시자 페브르와 그의 제자 마르탱의 저서. 책을 문화적, 경제적, 사회적, 심미적 관점에서 분석.

6 빅터 터너(Victor Turner, 1920~83): 영국의 문화인류학자. 저서로 『의례의 과정 *The Ritual Process*』, 『제의에서 연극으로』, 『상징의 숲』 등이 있음.

나는 오래 전부터 벤야민의 난해한 책 『역사철학 테제』, 그 중에서도 특히 '비어 있는 동질적 시간(homogeneous, empty time)'이라는 어려운 개념에 매료되어 있었다. 그래도 그 개념을 연구에 활용할 생각은 해 본 적이 없는데, (이번에도) 짐이 준 에리히 아우어바흐의 『미메시스: 서구문학에서의 현실 묘사』를 읽고 무릎을 쳤다. 고대와 중세 부분이 특히 흥미진진했는데, 그 시대의 시간 개념은 현대와 전혀 달라 보였다. 아우어바흐의 책을 읽고 난 후 프랑스의 위대한 중세사가 마르크 블로흐(Marc Bloch)[7]의 저작을 읽게 되었고, 그즈음 나온 시간과 시계를 다룬 데이비드 랜디스의 책[8]도 읽게 되었다.

그리고 마지막으로, 완전히 우연히 생긴 일. 어느 날 미국 친구를 만났는데 우연히 세계적인 베스트셀러였던 해리엇 비처 스토의 『톰 아저씨의 오두막』 얘기가 나왔다. 그 친구가 얘기해 준 미국 독자들의 반응을 보니 많은 생각이 떠올랐다. 노예제를 옹호하는 비평가들은 그 책의 내용이 순전히 거짓말이거나 완전 허구라며 혹평을 퍼부었다. 스토 부인은 그런 반응에 너무

---

7 마르크 블로흐(Marc Bloch, 1886~1944): 프랑스의 역사가로 소르본대 교수. 1929년에 뤼시앵 페브르와 함께 아날학파 기관지인 『사회경제사 연보』를 창간. 저서로 『프랑스 농촌사의 기본 성격』, 『봉건사회』 등이 있음.
8 데이비드 랜디스(David Saul Landes): 미국의 경제학자, 역사가로 하버드대 교수를 역임했음. 주저는 『국가의 부와 빈곤』(1999).

상심한 나머지 창작 과정에서 참고한 자료를 다 모아서 두꺼운 책으로 펴냈다. 하지만 그 책을 산 사람은 별로 없었다. 그 얘기를 들으니 에밀 졸라의 『제르미날 *Germinal*』, 이반 투르게네프의 『아버지와 아들』, 에두아르트 다우베스 데케르(Eduard Douwes Dekker)의 『막스 하벨라르 *Max Havelaar*』[9] 등 처음 나왔을 때 정치적으로 엄청난 영향력을 발휘한 책들이 생각났다. 이 작품들은 지금도 읽히지만, 전문적인 역사가 말고는 아무도 이 걸작들의 토대가 된 '사실'들을 확인하고 싶어 하지 않는다.

그렇다면 소설이 현실보다 더 진실하다는 말에도 일리가 있지 않을까? 그 말이 사실이라면, 그런 작품들은 왜 그렇게 진실해 보일까? 그 안에 담긴 내용 때문일까, 아니면 소설의 내적 형식과 관련이 있을까? 이처럼 다양한 책들을 읽다 보니 마침내 벤야민의 '비어 있는 동질적 시간'이라는 개념을 어떻게 활용하면 좋을지 감이 왔다. 현실보다 더 진실하게 느껴지는 소설이라는 역설을 보니 민족주의 역시 그런 식으로 접근하면 될 것 같았다. 결국, 독일의 정치경제학자(마르크스), 세 명의 프랑스 역사가(블로크, 페브르, 마르탱), 영국의 인류학자(터너), 독일의 문헌학자(아우어바흐), 미국의 소설가(스토), 독일의 철학자 겸 문학

---

9 데케르(1879~1950)는 네덜란드계 인도네시아 소설가로, 당시 인도네시아를 가혹하게 식민 지배하던 네덜란드가 주식인 쌀 대신 차와 커피를 재배하도록 강제한 정책을 비판한 소설 『막스 하벨라르』(1860)를 썼음.

비평가(벤야민) 등 여러 저자의 책들이 『상상의 공동체』의 탄생에 중요한 역할을 했다. 하지만 그들 중 민족주의에 특별히 관심을 가진 이는 없었다. 그렇지만 나는 이 책들 속에서 처음에 이해할 수 없었던 문제를 해결하는 데 필요한 도구를 찾았다.

『상상의 공동체』를 학제적인 책이라고 말할 수 있을까? 마르크스, 벤야민, 스토는 모두 과거의 인물이고 교수도 아니었다. 터너는 자신이 인류학이라는 분야를 대표한다고 생각할 수도 있겠지만, 교수였던 세 사람의 프랑스인과 아우어바흐는 별로 그러지 않을 것 같다. 그런데 (마르크시즘은 늘 배경에 깔려 있지만) 나는 『상상의 공동체』에서 어떤 초(超)학문적인 시각을 체계적으로 구축하려고 하지 않았다. 그렇다면 이 책은 한 분야에 국한된 책일까? 일단 역사책은 아니다. 어떤 사료나 1차 자료에 기초한 책이 아니기 때문이다. 그럼 정치학 책일까? 참고문헌 목록을 보면 정치학 책은 한두 권 밖에 없다. 그렇지만 이 책 전체가 민족주의라는 하나의 정치적 힘을 다루고 있고, 배경에 깔린 사고의 틀은 내가 공부한 비교정치학에서 나온 것이다.

학제간 연구에 대해 또 다른 접근도 가능하다. 앞에서도 얼핏 말했지만, 어떤 분야가 하나의 학문이 되기 위해서는 일정한 영역과 자체의 규칙들을 갖고 있어야 한다. 이 영역이나 규칙이 바뀔 수는 있지만 일단 그런 게 있어야 하나의 학문이라 할 수 있다. 그렇게 보면, 학문들은 산업사회와 후기산업사회에서 점점 더 세분화되어 가는 분업의 논리에 부합된다고 할 수 있다. 원칙적으로 각 학문이 어떤 영역을 정하고 자체의 규칙이나 기준을 정하는 건 괜찮다고 생각한다. 그 분야의 학자들이 이 영역이나 규칙, 기준을 학문의 발전을 위해 만들어진 실용적인 수단이라고 생각한다면 그렇다는 말이다.

학문을 운동 경기와 비교해서 생각하면 이해하기 쉬울 것이다. 테니스는 둥근 공과 그물을 사용하고, 그 공의 크기와 그물의 높이, 경기장의 면적 등이 정해져 있다. 테니스 치는 사람은 팔이나 다리, 머리로 공을 치면 안 된다. 풋볼은 테니스보다 훨씬 더 큰 공을 사용하고, 일정한 높이의 골대가 있으며, 머리나 다리를 사용할 수는 있지만 손은 안 된다. 테니스보다 경기장 면적도 훨씬 크고, 다른 식으로 나뉘어 있으며, '득점' 방식도 아주 상세히 정해져 있다. 그런데 이 규칙들은 그 동안 여러 번 바뀌었다. 만약 그대가 테니스도 치고 풋볼도 하고 싶으면 각각의 형식과 규칙을 배워야 한다. 테니스와 풋볼이 뒤섞인 운동을 하려는 사람은 없고, 어떤 경우에 경기가 무효가 되는지도 다들 알고 있다.

그런데 학문의 세계는 그렇지 않다. 학문은 재미보다는 진리를 추구하는 활동이고, 각 분야의 영역과 규칙도 그 목적에 맞게 정해져 있다. 전에 내가 우리 과 교수들에게 정치학의 역사를 다루는 강의를 만들자고 했더니 다들 뜨악해 하기에 현실적인 이유 때문에 그런 줄 알았다. 그런 강의를 개발하고 가르칠 사람이 없어서 그런가 보다 했는데, 알고 보니 그게 아니었다. 진짜 문제는 '정치'와 '과학' 간의 거리를 설정하기 어렵다는 데 있었다. '정치'에 방점을 두고 '과학'을 부차적으로 하는 강의라면 플라톤에서 시작해서 후쿠야마[10]까지 갈 것이다. 그런데 그 반대라면 다루는 시기가 백 년도 채 안 될 터였다. 정치학은 행정학과 헌법학이 아주 미국적으로 섞이는 과정에서 생겨난 용어였기 때문이다. 그리고 학과 교수들이 '정치'와 '과학' 중 어느 한쪽으로 합의를 볼 가능성은 많지 않았다. 결국 내 제안은 완전히 묵살됐지만, 나는 모든 학과가 어떤 형태로든 그 분야의 역사를 다루는 좋은 강좌를 최소한 하나는 개설해서 학생들로 하여금 그 학문을 규정하는 경계의 기원과 변천사를 명확히 이해하게 해야 한다고 생각한다.

물론 학문 간의 장벽을 허무는 다른 방법들도 있다. 그중 하나는 대학원 교육과정에 다른 분야, 심지어는 표준적인 학문과는 상관없는 분야, 특히 외국인의 뛰어난 저작을 포함시키는 것이다. 그렇게 되면 학생들은 다른 분야의 용어나 개념들을 알게 될 뿐 아니라, (자기 나라의 시각에 맞게 조정된) 자신들의 분

---

10 프랜시스 후쿠야마(Francis Fukuyama, 1952년생): 미국의 미래 정치학자. 미국무부 차장, 조지 메이슨대 교수 등을 지냄. 동유럽의 사회주의 붕괴를 논한 『역사의 종언』을 썼음.

야를 외부 사람이나 비교학적인 시각에서 다시 보게 될 것이다. 또 다른 방법은, 다른 학과나, 가능하다면 여러 나라의, 학생들의 취향에 맞는 강의를 개발하는 것이다. 내 경험으로는, 학생들은 교수의 강의를 듣는 것 못지않게 자기들끼리 토론하고 논쟁하면서 많은 것을 배운다. 자기 나라나 학과에 국한된 강의는 학생들의 창의적인 사고를 막는 최악의 결과를 낳을 것이다.

이번에는 박사 논문의 독자나 문체, 창의성 문제에 대해 생각해 보자. 대학원생들은 처음에 교수에게 제출할 리포트를 쓰면서 전문가로서의 훈련을 시작한다. 그런데 그 전까지 학생들은 대개 타고난 재능이나 (더 중요한 것은) 고등학교나 학부에서 받은 훈련에 따라 명확하고 유려한 글을 쓰기도 하고, 어색하고 헷갈리는 글을 쓰기도 한다. 아직 그 분야의 전문가가 아니기 때문에 아무리 초보적이라도 학생들은 자신만의 개성이 깃든 글을 쓰고, 누가 읽어도 이해할 수 있는 글을 쓰는 것이다. 그런데 대학원에 들어간 학생, 특히 전문적인 훈련을 많이 받은 학생들은 그와는 완전히 다른 글을 쓴다. 학년이 올라갈수록 학생들은 이후 자신의 글을 읽을 독자들에 대해 몇 가지 중요한 사실을 배우게 되는데, 예컨대 그들은 주로 동료, 학회지 편집자, 미래의 학과장, 그리고 자기 학생들을 염두에 두고 글을 쓴다는 것이다. 그래서 딱 봐도 그 분야 논문임을 알 수 있게끔 글을 써야 하는 것이다.

이런 환경은 아주 큰 영향을 미치는데, 그중 제일 눈에 띄는 것은 (지금 유행하는) 전공 용어의 사용, 독자에게는 별 도움 안 되지만 그 분야의 일원임을 보여 주는 의식(儀式)인 지나친 문헌 인용, 각 분야 전공자들만이 쓰는 어딘지 빈약한 언어의 사용이 그것이다. 대학원생들은 일반적인 교육을 받은 다중을 위해 쓰는 글은 단순하고, '대중적'이고, 기술적인 전문성이 부족하기 쉽다(즉, 이해하기가 너무 쉽다)는 말을 자주 듣는다. 그들은 또 가능하면 상업 출판사가 아니라 대학 출판부에서 책을 내야 한 다는 말을 듣는다. 그래야 출판 전에 예측할 수 없는 외부인의 평가가 아니라 자기들 같은 학자들의 서평을 받을 수 있기 때문 이다. 그러다 보니, 의식적이든 무의식적이든, 대학원생들은 본 인이 고등학교나 학부 때 쓰던 글보다 훨씬 안 좋은 문체를 구 사하게 되고, 대개는 은퇴할 때까지 그런 문체로 글을 쓴다.

그뿐 아니라, 대부분 대학에서는 각 학과가 가진 힘이 크기 때문에 구성원들은 스스로가 상당한 힘이 있고, 전공하는 분야 또한 아주 중요하다고 생각하게 된다. 전공(discipline)이라는 말 자체가 영혼의 적인 육체를 제압하려고 수도사들이 스스로 고 행을 자초한 중세부터 내려왔기 때문에, 논의와 직접 관계없는 사족이나 '경박함'은 눈총을 받기 마련이다. 나는 코넬에 오자 마자 거의 바로 이 사실을 깨달았다. 아직도 학부생이라는 느낌 이 남아 있던 때라 처음에는 논문을 쓸 때 본문에 농담이나 풍자를 집어넣고, 각주에 내가 다른 데서 보고 맘에 들었던 일화나 부가 설명을 집어넣고 개인적인 논평도 써 넣었다. 그러자 교수님들이 그런 식으로 쓰면 안 된다는 언질을 주셨다. "자네는 지금 케임브리지 학부생이 아니고, 학생 잡지에 칼럼을 쓰는 것도 아니잖나. 학문은 진지한 작업이고, 일화나 농담은 대개 학문적인 가치가 별로 없다네. 그리고 자네의 '개인적인 의견'에 관심 있는 사람도 없을 걸세." 나로서는 받아들이기 힘든 충고였다. 그 전에 다닌 학교에서는 늘 따분한 글은 절대 쓰지 말라고 배웠기 때문이다. 그래서 가끔은 내가 옛 중국의 전족한 여자 같다는 생각이 들었다. 하지만 적어도 정년이 보장된 뒤로는 그런 구속에서 벗어났다. (코넬대 출판부에서 전공 도서로 출간된) 『혁명기의 자바 *Java in a Time of Revolution*』에는 농담도 전혀 없고, 사족도 몇 개 안 되고, '개인적인 의견'도 많지 않지만, (버소 Verso에서 '상업적인' 책으로 출간된) 『상상의 공동체』는 그런 것들로 넘쳐난다.

그렇게 보면, 쓸데없이 높은 전공 간의 벽을 허물면 더 읽기 좋고, 덜 지루하고, 더 많은 사람이 읽을 수 있는 책을 쓸 수 있다. 그렇다고 논의의 수준이 낮아지는 것도 아니다. 조지프 슘페터[11], 마르크 블로흐, 마루야마 마사오, 에릭 홉스봄, 루스 베네딕트, 테오도르 아도르노, 루이스 하츠[12]를 위시한 많은 학자들의 책은 내용은 대개 어렵지만 언제 읽어도 즐겁다.

요시[13]는 이 장(章) 끝에 이런 코멘트를 붙였다:

소설가나 학자는 언어를 통해 생각하고 언어로써 자신을 표현한다. 이 두 집단 중 소설가나 언어 예술가들이 학자들보다 더 혁신적이고 창의적이다. 그들은 인습적인 개념이나 표현 방식을 깨는 사람들이기 때문이다. 반면에 학자들은 전문 용어라는 보호막 속에 갇힌 채 거기 안주하는 경향이 있다. 전문 용어는 축복이면서 저주다. 전문 용어를 쓰면 동료 학자들과 더 쉽게 소통할 수 있고 전문성도 인정받는다. 그런데 용어는 사고와 표현을 옥죄는 감옥이 되기도 한다. 그렇다면 학자가 선택하는 문체와 독자층은 단지 그 책이 재미있고 없고를 떠나서 내용의 창의성 및 혁신성과 불가분의 관계를 지니고 있다. 학제간 연구의 의미는 이런 맥락에서 이해되어야 할 것이다.

---

11 조지프 슘페터(Joseph Alois Schumpeter, 1883~1950): 오스트리아의 경제학자로, 저서에 『경제 발전의 이론』(1912), 『경기순환론』(1939), 『자본주의, 사회주의, 민주주의』(1942) 등이 있음.

12 루이스 하츠(Louis Hartz, 1919~86): 미국의 정치학자로, 저서에 『미국의 진보적 전통』(1955), 『선택의 필요성: 19세기의 정치사상』(1990) 등이 있음.

13 이 책을 일본어로 옮긴 앤더슨의 제자.

제6장

은퇴와 해방

1986년 미 연방정부는 고령을 이유로 한 강제 퇴직을 원칙적으로 금하는 법을 통과시켰다. 그 결과 종신직 교수는 은퇴할 필요가 없어졌다. 그런데 다행히도 코넬은 내가 60세에 심장마비를 겪기 몇 년 전 '단계적 은퇴' 제도를 도입했다. 나는 의사들의 권유에 따라 이 제도를 활용하기로 했다. 신진 학자들의 길을 터 준다는 의미도 있었다. 그래서 완전히 은퇴하기 전 5년 동안 일 년에 한 학기만 가르치고, 새 대학원생을 맡지 않고, 모든 행정 업무를 그만두었다. 그 결과 일 년의 반은 코넬에 있고, 나머지 반은 동남아에서 일할 수 있게 됐다. 그때도 나는 인도네시아의 입국 금지 대상이었기 때문에, 동남아 여러 나라의 수도에 쉽게 갈 수 있고, 대만이나 일본, 인도에서 그리 멀지 않은 방콕에 거처를 정했다. 그래서 여름과 가을에는 코넬의 훌륭한 도서관에서 열심히 일하고, 이타카의 길고 어두운 겨울과 추운 봄을 피할 수 있었다.

두 가지 기분 좋은 사건을 겪으면서 교수로서의 내 삶이 마무리되고 있음을 실감했다. 1998년, 나는 전미 아시아학회(American Association of Asian Studies)가 매년 수여하는 '평생공로상'을 받았다. 그런데 한 친구가 수상 연설에서 아시아 연구, 나아가서 지역 연구에 대해 한 마디 하라고 부탁했다. 그래서 그 날 지역 연구 전문가들은 우리가 연구하는 지역과 사람들에 대해 애착을 느낀다는 점에서 다른 분야와 다르다는 말을 했다. 그러고 나서 그 사실을 보여 주기 위해 인도네시아에서 입양한 10대의 두 아들 베니(Benny)와 유디(Yudi)를 단상으로 올라오게 해 내 옆에 세웠다. 그러자 거기 모인 아시아학자들이 공감의 박수를 보내 주었다. 정말 눈물 나게 행복한 순간이었다.

2000년에는 매년 주로 은퇴 직전이나 직후의 아시아학 연구자에게 주어지는 후쿠오카 상을 수상했다. 다행히도 그 해의 최고상은 수하르토 독재 정권에 의해 재판도 없이 12년 동안 부루(Buru)라는 섬의 수용소에 수감되었던 인도네시아의 위대한 작가 프라무디아 아난타 투르(Pramoedya Ananta Toer)에게 주어졌다. 사실 수하르토 정권의 마지막 10년 동안 프라무디아는 여러 번 이 상 후보에 올랐지만, 후쿠오카 측은 일본 외무성의 눈치를 보고, 외무성은 수하르토의 눈치를 보는 바람에 이 작가가 당연히 받아야 할 상을 이제야 수상하게 된 것이었다.[1] 어쨌든 후쿠오카 상 선정위원회 덕분에 그 동안 거의 비밀리에 편지나 주고

받던 프라무디아와 나는 며칠 동안 같이 지낼 수 있었다.

대부분의 남성에게 은퇴는 적어도 초기에는 상당히 힘든 경험이다. 보통 때 늘 하던 업무도 없고, 전처럼 자주 동료나 친구들과 어울려 술을 마실 일도 없고, 정기적으로 골프 칠 일도 없으니 하루하루가 정말 지루할 것이다. 하지만 교수나 학자들은 좀 다를 수 있다. 은퇴하면 수업은 없지만 학회에 가기도 하고, 강연을 할 수도 있고, 학회지에 논문을 기고하거나, 심사평을 쓰거나, 책을 쓸 수도 있다. 이전 제자들과 가까이 지내는 교수도 많다. 세계 어디를 가나 사제 관계는 비슷하기 때문이다. 여건이 이렇다 보니 은퇴한 교수들은 새로운 경향을 따라가기도 하고, 새로운 연구 방식을 찾기도 하고, 새로운 문제를 갖고 씨름하기도 한다. 사실 은퇴 교수는 후배들보다 생각할 시간이 훨씬 많다. 현직 교수들은 행정 업무, 위원회 일, 강의, 논문 지도 등으로 바쁘고, 경우에 따라서는 연구비를 관리하는 공무원들의 비위를 맞추는 데 시간을 들이기도 한다. 은퇴 교수들은 또한 연구 분야나 제도적 제약에서 벗어나 아주 오래 전에 포기했던 주제로 돌아갈 수도 있다.

---

1 (원저자 주) 2000년도 후쿠오카 상 수상자 선정위원회는 그 이전 위원회의 이런 비겁한 처신에 대해 아무런 언급도 하지 않았다. 그럴 수밖에 없었겠지만 우울한 일이다.

대학에서 은퇴한 2001년 이후 지금까지 나는 여러 가지 일을 해 왔다. 10대 때 소설가가 되고 싶다는 생각을 자주 했지만, 재능이 없는 것 같아 금방 그만 두었다. 그런데『세 깃발 아래에서: 아나키즘과 반식민주의적 상상력』(2005)을 쓰기 시작할 무렵, 어릴 때 갖고 있던 문학적 취향이 되살아났다. 나는 정치적으로 늘 무정부주의에 강하게 끌렸고, 코넬에서는 한동안 학부 강의에서 바쿠닌(Bakunin)과 크로포트킨(Kropotkin)을 가르치기도 했다. 그런데 내가 보기에 필리핀 역사에서 가장 흥미로운 시기—19세기의 마지막 20년—가 마르크스의 죽음과 레닌의 부상, 즉 국제 무정부주의가 가장 번성하고 영향력 있었던 시기와 거의 완전히 일치한다는 것을 깨달았을 때 드디어 초기 반식민적 민족주의를 '세계화할' 방도가 떠오르기 시작했다.

그즈음에 나는 또 필리핀 민족주의 역사학자들의 토착문화 중심 시각에 염증을 느끼기 시작했다. 필리핀 사학자들은 1960년대 이전까지는 주로 스페인이나 미국의 사료 및 문서에 바탕을 둔 전통적인 역사 연구를 하고 있었다. 그리고 그 이후에는 이 자료들에 내포되어 있는 식민주의나 제국주의적 편견을 비판하면서 필리핀 구전 자료 등 '우리의 자료'에 토대를 둔 '토착문화를 중시하는' 역사 기술을 추구했다. 그런데 이렇게 '내향적인' 역사가들은 식민 시대의 스페인이나 특히 제국주의적인 미국을 빼고는 다른 나라에 거의 관심이 없었다. 그리고 이 두 나라는 주로 비판의 대상이었다. 그런데 나는 점차 제1세대 필리핀 민족주의자들과 브라질, 프랑스, 스페인의 무정부주의자, 쿠바의 민족주의자, 러시아의 허무주의자, 일본의 소설가 및 진보적 좌익들 사이에 온갖 파생 관계가 존재한다는 사실을 깨달았다. 그리고 이들 중 여러 집단이 세계 어디에 있든 아주 짧은 시간에 전보(電報)를 이용해 서로 소통할 수 있었다.

소설적 재능은 없지만 내 연구 결과를 빠른 장면 전환, 갖가지 음모, 우연의 일치, 편지 교환, (정중한 어투와 일상어, 표준어와 방언 등) 다양한 형태의 언어들이 섞여 있는 19세기 소설의 형식으로 써 보자는 생각이 든 것도 그즈음이었다. 나는 원래 19세기 소설의 복잡하고, 긴장감 넘치고, 뭔가를 암시하는 소제목들을 정말 좋아했다. 그래서 전혀 학구적이지 않은 방식으로 글을 써 보기로 했다. 많은 독자가 궁금해 한 『세 깃발 아래에서』의 제목도 어릴 때 읽은 책에서 따 온 것이다. 로리와 나는 19세기 말에 영국의 극단적인 제국주의자인 G. A. 헨티(Henty)가 펴낸 (소년들을 주 독자로 하는) 장편 시리즈에 완전히 중독되어 있었다. 이 시리즈의 주인공은 용감하고, 도덕적이고, 중성적인 영국 소년으로, 온 세상을 돌아다니며 모험을 했는데 (땡땡Tintin 이랑 비슷한데 아주 진지한 인물이랄까), 그중 내가 좋아한 작품이 『두 깃발 아래에서』였다. 그 작품에서는 주인공이 처음에는 영국 배, 나중에는 프랑스 배에서 사환으로 일한다.

19세기 소설은 대개 삽화가 많이 들어 있는데, 나도 소설식으로 쓴 첫 번째 학술서에 사진을 많이 집어넣었다. 그중에는 나비넥타이에 쓰리 피스 정장을 입고 수염을 기른 스에히로 데쓰요(末広鉄腸)의 멋진 사진도 있다. 시코쿠 섬 출신인 그는 26세 때 진보 성향 신문인 도쿄 『아카쓰키(暁)신문』에 입사해 초고속 승진으로 편집장이 되었다. 『아카쓰키 신문』은 늘 민주주의와 언론 자유를 억압하는 메이지 정부를 강하게 비판했고, 편집장인 그는 곧 형무소에 수감되었다. 그리고 그 안에서 청소년 소설을 써서 큰 인기를 얻었다. 형기를 마치고 출소한 그는 유럽과 미국의 정치 제도를 공부하기 위해 유학을 결심했고, 샌프란시스코로 가는 배 안에서 필리핀 민족주의 운동의 지도자이자 위대한 소설가인 호세 리살(José Rizal)을 만났다. 태평양을 건너고, 미 대륙을 횡단하고, 대서양을 건너는 동안 두 사람은 친구가 되었다.

일본으로 돌아온 데티오는 『폭풍의 잔해』라는 긴 책을 썼는데, 거기에는 혈통은 일본인이지만 한동안 필리핀에 사는, 리살의 용기와 지성, 고난을 반영하는 듯한 주인공이 등장한다. 그는 국회에서 진보파로 활동하다가 나중에 국회의장이 되었는데, 마닐라에서 리살이 처형되기 몇 달 전 암으로 젊은 나이에 세상을 떠났다.

은퇴 후 다시 즐기게 된 젊은 시절의 취미 중 두 번째는 영화였다. 격무에 시달리는 정교수 시절에는 최신 영화를 볼 기회가 별로 없었고, 머나먼 이타카는 늘 할리우드라는 안개 뒤에 어슴푸레하게 가려져 있었다. 그런데 내가 은퇴를 얼마 앞둔 시점에 마침 에드워드 양(楊德昌), 허우샤오시엔(侯孝賢), 차이밍량(蔡明亮) 등 대만의 거장들을 중심으로, 이란에서 한국, 일본에서 말레이, 샴까지 아시아 여러 나라에서 아주 뛰어난 영화들이 쏟아져 나왔다. 그중에서도 가장 눈길을 끈 것은 태국의 젊은 천재 감독 아피찻퐁 위라세타쿨(Apichatpong Weerasethakul)이었다. 그는 〈친애하는 당신 *Blissfully Yours*〉과 〈열대병 *Tropical Malady*〉으로 칸 영화제에서 3년 동안에 두 번이나 최고상을 수상했다. 두 번째 영화는 서로 연결된 두 부분으로 이루어져 있는데, 첫 부분은 젊은 군인과 마을 청년의 사랑을 다루고 있고, 뒷부분은 군인과 '호랑이 무당'으로 변한 마을 청년이 숲 속에서 겪는 이상한 일들을 그리고 있다.

샴에서 아피찻퐁의 영화가 한 번도 상업영화관에서 개봉된 적이 없고, 지금까지도 계속 아둔한 정부 검열관들과 싸우고 있다는 게 이해가 안 된다. 그래서 정말 재미로 〈열대병〉에 대한 긴 논문을 썼다. 논문 내용 중에 (마을 사람들, 오만하고 무지한 방콕의 전문가들, 학생들, 중산층 가족들, 십대들 등) 관객의 반응을 다루는 부분이 있었는데, 도시의 지식인보다 시골 사람들이 이 영화를 더 잘 이해하고 있었다. 2006년 7월, 무콤 원테스(Mukhom Wonthes)라는 옛 제자가 이 논문을 번역해 「이 짐승은 대체 뭐지?:

태국인이 본 아피찻퐁 위라세타쿤의 셋 프렐랏(Sat Pralaat)」이라는 제목으로『실라빠 와따나담 *Silapa Wattanatham*』[2]에 실렸고, 3년 후에는 제임스 칸트(James Quandt)가 편집한『아피찻퐁 위라세타쿤』이라는 논문집에「이상한 짐승에 대한 이상한 이야기」라는 제목으로 게재되었다. 그리고 그 후에는 나도 바보들과의 싸움에 슬쩍 합류했다. 그러다가 아피찻퐁을 만났고, 금세 친구가 되었다. (보통 학술지와는 전혀 다르게 전위적인 분위기를 띤 태국판『상상의 공동체』표지는 바로 아피찻퐁이 디자인한 것이다.)

2006년 군사 쿠데타 직후, 아피찻퐁이 유명해진 그 시점에 나는 지식인, 화가, 시민운동가 등 네 명의 여성을 알게 되었다. 뛰어난 학자로 오랫동안 시민운동을 해 온 이다룽 나 아유트야(Idaroong na Ayutthaya)는 내가 보기에 동남아시아 최고의 대중 학술지인『아난 *Anan!*』("읽자")을 창간하고 편집했다. 메이 잉가와니(May Ingawanij)와도 절친한 사이인 그녀는 주로 런던에서 어린 시절을 보냈고, 현재는 웨스트민스터 칼리지 교수로 명성을 떨치고 있으며, 동남아시아 전역의 전위영화에 대해 가장 뛰어난 글을 쓰고 있다. 현재 신랄한 사회평론가로 활약하고 있는 무콤 원테스는 내게『아난』에 글을 기고해 달라고 했지만, 타이어 실력 때문에 곤란하다고 하자 다른 두 친구와 돌아가면서 내 영어 논문들을 번역해 싣곤 했다. 그중에서도 가장 어려웠던

---

5 태국의 문화 예술 잡지

것은 난해한 제목을 지닌 아노차 '메이' 수위차콘퐁(Anocha 'May' Suwichakompong)의 뛰어난 전위영화 〈우주의 역사*Mundane History*〉를 다룬 글이었다.

그런데 놀랍게도 태국의 학자들과 영화제작자나 예술가들 사이에는 지적으로든 뭐든 아무런 교류가 없었다. 정말 특이한 현상이었지만 자세히 들여다보니 몇 가지 흥미로운 점이 있었 다. 샴의 뛰어난 지식인들은 대개 국립 명문대에서 근무하기 때 문에 관료에 가깝다. 그들은 대개 작위(爵位)가 있고, 거의 다 방 콕 출신이고, 정부 고위층과도 관계가 있기 때문에, 스스로를 국가의 엘리트 집단이라고 생각한다. 그런데 영화제작자나 예 술가들은 대개 지방 출신에, 석·박사학위도 없고, 순전히 자신 의 기지와 재능만으로 먹고 산다. 그렇게 보면 태국의 학자들이 아피찻퐁의 영화는 못 보고 외국의 여러 영화제에서 수상했다 는 뉴스를 통해 이름만 안다는 것도 이해가 간다.

같은 이유로 일본, 한국, 대만, 필리핀, 말레이시아, 인도네시 아에서도 비슷한 상황이 벌어지고 있을 거라는 생각이 들었다. (다른 이유로—예컨대, 학문과 예술이 점점 더 전문화되고 있기 때 문에—유럽과 북미에도 비슷한 간극이 존재하고 있다.) 어쨌든 나 는 적당한 때 적당한 장소에서 은퇴한 덕에 난생 처음으로 영화 감독들과 가까운 친구가 되었다. 그리고 이 경험 덕분에 나는 전과 다른 시각으로 대학을 보게 되었다. 전에는 내 시야를 꽉 채웠던 대상이 이제 훨씬 더 작고, 멀고, 덜 중요하게 느껴졌다.

은퇴 후 관심을 갖게 된 세 번째 분야는 학창 시절과도 관련이 있었다. 1962-64년 자카르타에 있을 당시 나는 매주 유명한 헌책방 거리를 찾아가곤 했다. 아주 싼 값에 개인 장서를 수집할 절호의 기회였다. 1957년, 독립 이후에도 인도네시아에 남아 있던 네덜란드인들에게 드디어 추방 명령이 내리자 대개는 장서들을 팔고 떠났다. 책이 너무 많고 무거워서 본국으로 갖고 갈 수 없었던 것이다. 그중에는 아주 귀한 책들도 있었고, 거의 다 네덜란드어로 되어 있어서 25세 이하의 인도네시아인들에게는 무용지물이었다. 1960년대 초 인도네시아는 인플레가 아주 심했기 때문에 고정된 월급으로 생활하는 사람들은 뇌물을 받거나 오래된 책이나 잡지 같은 물건을 팔아서 먹고사는 형편이었다. 나이 든 장서가가 세상을 떠나면 부모의 취미에 관심 없는 자녀들은 물려받은 책들을 팔아 버렸다.

어느 날 나는 짬복 베르두리(Tjamboek Berdoeri)라는 필명을 쓰는 작가가 1947년에 네덜란드령 동자바의 말랑(Malang)에서 펴낸 『화염과 불씨에 휩싸인 인도네시아 *Indonesia dalem api dan bara*』라는 특이한 책을 발견했다. 그 필명은 '가시 돋친 채찍'이라는 뜻이었다. 이 책은 옛 식민지 시대 말기, 3년 반의 일제 강점기, 그리고 무장 혁명(1945~47)의 첫 2년 동안 작가가 겪은 일들을 재기발랄하고, 우습고, 비극적인 1인칭 서술 방식으로 다루고 있었다. 오늘날에도 이 작품은 인도네시아인이 이 격동의 시기에 대해 쓴 저작 중 가장 뛰어난 걸작으로 평가받고 있다.

당시 친구들에게 물어보니 읽기는커녕 들어보기라도 한 사람이 딱 하나였는데, 쨤복 베르두리가 누군지는 전혀 모른다고 했다. 그 뒤 한 권 더 구하려고 갖은 애를 썼지만 여의치 않았다. 그래서 언젠가는 반드시 이 작가를 찾겠다고 다짐했지만, 1972년 인도네시아에서 추방되기 전에는 시간도 없고, 알아볼 만한 사람도 없었다. 하지만 잊은 것은 아니었다. 1964년 코넬로 돌아왔을 때, 세상에 이 한 권만 남아 있다는 생각에 코넬대 도서관의 희귀본 섹션에 기증했다. (40년 후에야 우리 대학 사서들이 캔버라에 두 권, 암스테르담에 한 권이 소장되어 있다는 사실을 알아냈다.) 1999년 드디어 인도네시아 입국 허가가 나자 나는 이 작가를 찾아보고, 1947년에 나온 이 걸작이 1963년에는 까맣게 잊혀지고, 다시 나오지도 않은 이유를 알아보기로 했다.

그 과정에서 여러 번 허탕을 치긴 했지만 자바의 노동운동가인 아리프 디아티(Arief Diati)의 도움으로 마침내 쨤복 베르두리가 네덜란드 식민지 시대의 마지막 20년 동안 기자와 칼럼니스트로 활동한 유명한 중국계 인도네시아인 꾸위 띠암 찡(Kwee Thiam Tjing)이라는 사실을 알아냈다. 아리프와 나는 몇몇 중국계 인도네시아 친구들의 도움으로 2004년에 이 책을 다시 펴냈는데, 식민지 시대를 체험하지 못한 현대의 독자들을 위해 엄청난 수의 각주를 붙였다.

우리가 '할아버지(Opa)'라고 부른 꾸위는 1900년 동자바의 유서 깊은 중국인 가문에서 태어났고, 그 당시 네덜란드어만 쓰는 학교에 다닌 극소수의 중국인 중 하나였다. 그런데 그 넓은 식민지에 대학이 하나도 없었기 때문에 고등학교만 졸업하고 말았다. (말년에 꾸위는, 학창 시절에 걸핏하면 네덜란드나 유라시아 아이들과 싸우곤 했는데, 운 좋게도 백인을 때리고도 벌을 받지 않은 극소수의 '원주민'이었다며 웃곤 했다.) 그는 졸업 후 잠깐 적성에 안 맞는 무역회사에 다닌 뒤 기자가 되었는데, 입사 초기부터 큰 성공을 거두며 이런저런 신문사에 다녔다. 그런데 일제 강점기가 되자 일본 당국이 미는 극소수 언론사 말고는 모두 문을 닫았다.

일제 강점기와 그 후에 꾸위는 일본이 설치한 그 지역 인조(隣組, Tonarigumi)의 수장으로 일했다. 인조는 상호 협력과 국민 동원을 위해 1940년에 공식적으로 출발했는데, 원래는 에도 시대에 있던 5인조(五人組, Gonin Gumi)에서 유래했다. 5인조는 서로 돕기 위한 조직이지만, 주목적은 당국을 위해 서로를 감시하라는 목적으로 만들어졌다. (인도네시아의 루쿤 따낭가Rukun Tenangga에서 그 자취를 찾아볼 수 있다.) 꾸위는 네덜란드인들이 투옥되거나 살해될 때 그 아내나 자녀들을 보호하는 데 최선을 다했다.

그 뒤 1947년에서 1960년 사이의 행적은 모호하지만, 1960년

에 꾸위는 난생 처음으로 조국을 떠나 딸 가족과 함께 쿠알라
룸푸르에 갔다. 그러다가 1971년 귀국해서는 『인도네시아 라야
Indonesia Raya』지에 자서전을 연재하기 시작했는데, 1974년 1월 수
하르토가 이 신문을 판금시켰고, 꾸위는 몇 달 후 세상을 떠났
다. 아리프와 나는 이 연재물을 편집해 2010년에 『가시 돋친 채
찍 되기: 멘자디 짬북 베르두리』라는 책으로 펴냈다. 연구를 거
듭할수록 1947년에 나온 이 걸작이 사라진 이유를 더 잘 이해할
수 있었고, 그중에서도 중요한 두 가지 이유는 아주 흥미로워서
여기서 설명하려고 한다.

첫 번째 이유는, 『화염과 불씨에 휩싸인 인도네시아』가 여러
언어가 특이하게 뒤섞인 형태로 쓰였다는 것이다. 근간이 되는
언어는 인도네시아어지만, 어떤 부분은 동자바에서 쓰이는 중국
인들의 자바어로 쓰였고, 여기저기 영어, 심지어는 일본어 어휘
들뿐 아니라 네덜란드어나 호키엔 중국어[3]를 교묘하게 패러디한
구절들도 있다. 꾸위가 한 번도 사용하지 않은 언어는 만다린이
다. 그는 한자를 모른다는 사실에 긍지를 느꼈고, 자신을 인도네
시아의 애국자라고 생각했다. 그는 그 전 해에 북수마트라에서
일어난 아체(Atjeh)족의 실패한 반란을 옹호했다는 이유로 1926

---

3 호키엔(福建話, Hokkien): 중국의 남동부에 위치한 푸젠성(福建省)의 민(閩)
   지역과 타이완에서 쓰이던 중국어로, 그 지역과 말레이시아, 싱가포르, 인
   도네시아, 필리핀 등 동남아에 거주하는 화교들이 많이 쓰는 방언.

년 초에 투옥되었다. 1926년 말, 인도네시아의 신생 공산당은 가망 없는 반란을 시작했고, 꾸위는 석방되는 날 자카르타의 치뻬낭(Tjipinang) 감옥에서 공산당 간부들이 수감되는 광경을 지켜보았다. 그는 1945년에 인도네시아의 초대 대통령으로 취임한 수카르노보다 몇 년 전 식민 당국에 의해 정치범으로 투옥되었다.

꾸위는 이 책에서 뚜렷한 의도와 계획 하에 이처럼 다양한 언어를 사용했다 (그래서 이 책은 번역하기가 거의 불가능하다). 대개는 뭔가를 풍자하거나, 그 당시 자신이 직접 본 사람들의 어투를 살리고 싶을 때 다른 언어로 넘어갔고, 때로는 시적이거나 비극적으로 아이러니컬한 목적으로 그러기도 했다. 예를 들어, 책의 한 부분에서 그는 "노무자(of Romusha)나, 10길더(of Tjaptun)나"라는 복잡한 표현을 쓰고 있다. 이는 네덜란드어의 'of'('… 또는 …')와 일본어의 'Romusha'(일본군 점령 당시 징용된 노동자들), 호키엔어의 'Tjaptun'(10길더)를 결합한 표현으로, '지옥에서는 돈이 최고의 변호사'라는 씁쓸한 말이다. 책의 다른 부분에서 그는 혁명가들이 네덜란드의 첩자 노릇을 하는 인도네시아인들을 고문하거나 죽이는 장면을 묘사하는데, 희생자들의 머리를 내려치는 소리가 끔찍하게도 (자바의 가믈랑 합주단의 주요 악기인) 케농(kenong)과 켐펄(kempul) 소리 같았다고 말하고 있다.

두 번째 이유는, 당시 인도네시아 공화국이 국제 사회로부터 인정받는 현대 국가가 되고자 노력 중이었고, 유엔 회원국이 되었다는 사실이다. 새롭게 탄생한 인도네시아는 자신의 정체성과 '국제적 위상'에 자부심을 갖고 있었고, 혁명기에도 각 집단의 사회적, 지리적 배경에 따라 다양했던 인도네시아어를 단일화하는 데 성공했다. 정부는 이제 (심지어 자바어까지도) 다른 언어들이 끼어드는 걸 싫어했고, 식민 정부도 시도는 했지만 실패했던 철자법 표준화까지 이루어냈다. 이런 상황에서 꾸위의 현란할 정도로 국제적인 다중 언어 작품은 더 이상 용납될 수 없었다. 그뿐 아니라, 인도네시아 교육 당국은 중국인 소수 집단의 역할을 완전히 무시하고, 영웅적인 인도네시아인과 사악한 네덜란드인이 등장하는 1950년대 이전의 역사를 가르쳤다.

『화염과 불씨에 휩싸인 인도네시아』에서 꾸위는 아주 애국적이면서도 명민한 휴머니스트의 면모를 보여 주고 있다. 이 책에는 탁월하고, 아둔하고, 가엾고, 혐오스러운 네덜란드인, 잔인하면서도 다감한 일본인, 타락했지만 너그러운 중국인, 사심이 없는 인도네시아의 애국자들, 1947년 여름 네덜란드의 말랑 (Malang) 공격 직전 꾸위 자신의 친척들을 고문하고 살해한 가학적인 '혁명가들'이 등장한다. 1950년대와 60년대 인도네시아의 정치 상황에서 이처럼 솔직하고, 전복적이고, 복잡한 책을 읽고 싶어 할 사람은 거의 없었다. 그래서 요즘 식으로 말하면 이 책은 '실종'되었던 것이다. 그 후, 수하르토 정권이 중국인 신문사를 폐쇄하고, 학교를 억압하고, 글을 판금시키고, 정계에서 거의 완전히 퇴출시키는 등, 중국인 집단을 더 강하게 억압할 때, 이 책은 더 철저히 '실종' 당했다. (퇴각 직전을 제외하면 32년의 독재 기간 동안 수하르토는 중국인 장관을 단 한 명도 선임하지 않았지만, 정치권력이 전혀 없는 수십 명의 중국계 천만장자들과는 가깝게 지냈다.)『화염과 불씨에 휩싸인 인도네시아』라는 걸작은 결국 수하르토 정권이 무너진 뒤에야 다시 출판될 수 있었고, 그 가치를 어느 정도 인정받을 수 있었다.

지금 나는 전에 한 번도 못해 본 작업을 하고 싶다. 꾸위의 자전적인 글과, 우리가 찾아낸 1924년에서 1940년 사이에 그가 쓴 수백 편의 기사를 중심으로, 그의 문학적·정치적 전기를 쓰고 싶다는 말이다. 여기서 중요한 것은 꾸위의 문학적, 정치적 활동 그 자체가 아니라, 그 둘 사이의 상관관계다. 도시화, 자본주의의 확산, 새로운 소통 수단과 (독습을 포함해) 급속히 늘어난 교육 기회를 통해 조성된 당시의 '식민적 세계주의'를 재구축해 보겠다는 것이다. 꾸위는 주로 수라바야[4]에서 살았는데, 그 곳은 [인종적으로] 자바인, 마두라(Madura)인, 마이크로네시아인, 네덜

4 수라바야(Surabaya): 인도네시아 제2의 도시이자 최대의 항만, 동자바의 주도. 인구는 약 300만 명. 전략적 위치 때문에 옛날에는 네덜란드 해군, 지금은 인도네시아 해군의 중요한 기지이며, 제2차 세계대전 중에는 일본 함대의 근거지. 18세기 전반에는 네덜란드 동인도회사가 이곳을 차지했고, 19세기 후반부터는 배후지인 동자바의 농원 개발 덕에 물자 집산이 활발한 무역도시로 발전.

란드인, 호키엔 한족, 광동인, 유대인, 예멘인, 일본인, 독일인과, [종교적으로] 회교도, 기독교도, 힌두교도, 도교 신자, 불교 신자들이 섞여 사는 해안가의 큰 상업 도시였다. 이들은 다른 집단과 만날 때 서로의 어휘를 빌어다 쓰고, 서로의 신문을 읽고, 때로는 서로 우호적이거나 적대적인 관계를 맺기도 했다. 수라바야는 이를테면 다문화, 다언어적 창작 활동을 하기에 그야말로 완벽한 환경이었던 것이다.

2012년에는 『샴 '지옥도' 사원의 퇴락: 불교국가 태국의 금욕주의와 욕망 *The Fate of Rural Hell: Asceticism and Desire in Buddhist Thailand*』이 출간되었다. 원래 『아난』에 실렸던 긴 논문인데, 나중에 나빈 키쇼어(Naveen Kishore)가 운영하는 캘커타의 시걸(Seagull) 출판사가 짧은 영어판으로 펴낸 것이다. 전부터 취미로 인류학을 연구해보고 싶었는데, 드디어 때가 온 것이었다. 1970년대 초의 어느 날 나는 방콕에서 서쪽으로 약 두 시간 거리에 있는 크고 아주 이상한 절에 처음 갔고, 그 뒤로 여러 번 다시 갔다. 그 절 주지는 실내에 회교 (시멘트로 만든 코끼리), 도교, 일본의 대승 불교, 인도의 힌두교, 그리고 기독교와 관련된 온갖 상징물을 만들어 놓았는데, 그중에서도 샴의 소승 불교 관련 조각품이 제일 많았다. 그런데 그보다 더 이상한 것은, 건물 밖에 있는 백 개 이상의 시멘트 작품이었다. 이들은 모두 생전에 지은 죄 때문에 지옥에서 벌 받고 있는 사자(死者)들의 모습으로, 정원 박물관 같은 곳에 전시되어 있었는데, 낮에는 그 주변에 노점상, 관광버스, 포장마차들이 몰려들었다. 이 조각들은 거의 다 완전 나체였는데, 이는 소승 불교에서는 지옥에 떨어진 영혼에게 망신을 주는 방법이었다 (보통 절의 벽화에서는 불꽃으로 여기저기를 가려준다). 그보다 더 이상한 것은, 주지 스님의 집무실에 있는 유리 장식장이었다. 한쪽에는 (태국 사람의) 해골이 들어 있고, 다른 쪽에는 (도나텔로의) 멋진 다비드 상 복제품이 들어 있었는데, 불그스름한 속옷 밖으로 큼직한 성기가 삐져나와 있었다. 지옥의 죄인들을 형상화한 조각 작품에는 생전에 지은 죄를 설명하는 표식이 붙어 있었는데, 친구 메이(May)와 무콤(Mukhom)이 조각상 전체의 명단을 만들었다. 그중에서도 가장 이상했던 건 남편에게 밥을 짓게 한 죄로 지옥에 떨어진 시골 여자의 조각상이었다. 그런데 타락한 승려, 부패한 경찰, 거짓말하는 정치가, 잔인한 군인, 사악한 자본가 등은 조각상이 없었다. 왜 그럴까? 보나마나 보복이 두려웠기 때문일 것이다.

주지 스님이 입적하신 후 다른 절들도 비슷한 걸 만들기 시작했는데, 다들 전혀 무섭지 않은 디즈니 식의 작은 지옥을 만들어 손님을 끌었다. 노스님의 조각상들이 부지불식간에 10대 아이들이나 외국 관광객이 즐기는 외설물로 변해간 것이다. 농촌의 지옥들이 사라지고 있었던 걸까? 절 내부에 각 종교를 나타내는 특이한 상징들이 있기는 했지만, 정원 지옥에서 벌 받는 기독교, 회교, 힌두교, 도교 신자는 없었다. 그걸 보자 문득 이 종교들은 각기 자기들만 가는 지옥이 있다는 사실이 떠올랐다. 기독교 신자가 회교의 지옥에 간다든가, 회교도가 힌두교 지옥에 간다든가, 힌두교도가 기독교의 지옥에 떨어진 것으로 묘사된 조각은 없었던 것이다. 노스님의 절과 조각상들은 각 종교는 사후에도 자기들의 신자만 벌할 책임이 있다는 사실을 보여 주고 있었다. 소승 불교는 자기 신도들의 죄만 다루었던 것이다.

2014년에 코넬의 동남아시아 프로그램은 고맙게도 당시 우리 프로그램의 디렉터였던 타마라 루스(Tamara Roos)가 쓴 통찰력 넘치는 서문이 달린 『40여 년의 샴 연구에 관련된 탐험과 아이러니』를 펴냈다. 같은 해, 나는 스페인 출신의 젊은이로 현재 버마에서 자행되고 있는 끔찍한 인종 차별을 취재하고 있는 민완 기자 카를로스 사르디냐 갈라세(Carlos Sardiña Galache), 필리핀의 훌륭한 교수 라몬 길레르모(Ramon Guillermo)와 함께 마닐라의 앤빌(Anvil) 출판사에서 『초기 스페인 선교사들의 기록에 나타난 필리핀의 악마 The Devil in the Philippines According to the Chronicles of the Early Spanish Missionaries』의 영역본을 출간했다. 이 책은 1887년에 (당시 23세의 기자였고) 필리핀 민속학의 창시자인 이사벨로 데 로스 레예스(Isabelo de los Reyes)가 스페인어로 쓴 것이었다. '민속학'은 1846년 『아테네움 Atheneum』[5]에 처음 등장한 말이지만, 세계 최초의 민속학 학회는 이사벨로가 열네 살 때인 1878년 영국에서 설립되었다. 유행에 민감한 10대 소년은 이 새로운 '과학'에 매료되어 루손 섬의 이곳저곳을 누비며 현장 조사를 했던 것 같다.

그러고는 얼마 안 가 독일, 포르투갈, 이탈리아, 영국의 학자들과 서신을 주고받았고, 그중에서도 특히 마드리드와 세비야에 사는 진보적인 스페인 학자들과 의견을 나누었다. 그 과정에서 이사벨로는 민속학이야말로 자그마치 16세기 말부터 스페인의 식민지 지배를 주도했던 가톨릭 교단에 맞서 싸우는 데 가장 효과적인 도구임을 깨달았다. 그러기 위해서는 그저 선교사들의 기록에 등장하는 일련의 '공식적인' 미신들과 이교 문화의 이야기들을 같은 범주에 넣고 살펴보면 끝이었다. 합리주의에 기초한 신(新) 과학의 눈으로 볼 때 그들은 둘 다 흥미로운 신화, 기적, 전설에 지나지 않았던 것이다.

그 책의 제목 또한 교묘하다. 『필리핀의 악마』라는 제목을 붙임으로써 이사벨로는 정복자들이 침입하면서 필리핀에 처음으로 악마가 들어왔다고 암시하고 있는 것이다. 그는 원주민들이 아는 여러 혼령은 다 그 지역 출신이라서 사탄이라는 이름으

---

5 『아테네움』: 1828년 런던에서 창간되어 1921년에 『네이션 *Nation*』지에 흡수 통합된 영국의 문예지. 로저 프라이, 아서 시몬스 등이 편집에 관여했고, 막스 비어봄, T. S. 엘리엇, 토마스 하디, 올더스 헉슬리, 캐서린 맨스필드, 버지니아 울프 등의 글이 실렸음.

로 불린 적이 없다고 말하고 있다. 반면에, 엄청난 권력과 거대한 관료 조직, 정교한 위계질서, 사형집행관, 전 세계에 퍼져 있는 첩자들을 거느린 천주교, 고대 로마 제국과 근대 스페인의 종교재판관들 때문에 사탄 또한 악마적인 관료 조직, 악랄한 거인들로 이루어진 여러 계급, 사악한 난쟁이, 매혹적인 사이렌, 마녀들, 주술사들, 교활한 무당들을 거느린 것으로 그려져야 했다. 그러니 1890년대에 필리핀 혁명가들의 민족주의가 식민 정권에 위협적인 존재가 되자 이사벨로가 체포되어 쇠사슬을 차고 바르셀로나로 실려가 무서운 몬주익(Montjuich) 감옥에 수감된 것도 어찌 보면 당연한 일이었다. 그 감옥에서는 수십 명의 무정부주의자가 고문을 당하거나 처형되었다. 이사벨로는 그중 여러 사람과 막역한 친구가 되었고, 드디어 풀려나 조국으로 돌아오는 날 그의 가방에는 다윈과 마르크스뿐 아니라 바쿠닌, 크로포트킨, 말라테스타[6]의 책도 담겨 있었다.

나는 늘 번역의 어려움과 즐거움에 관심이 많았다. 하지만 에카 쿠르니아완(Eka Kurniawan)의 소설과 단편들은 그 면에서 내가 아는 어떤 동남아 작가와도 차원이 다르다. 그의 작품은 일어,

---

6 에리코 말라테스타(Errico Malatesta, 1853~1932): 이탈리아의 무정부주의자, 신문 발행인. 미하일 바쿠닌의 친구. 저서로 『무정부주의』(1891), 『국가 없는 사회』(2005) 등이 있다.

미국 영어, 프랑스어, 그리고 이번 2015년에 영국 영어로 번역되어 버소(Verso) 출판사에서 출간되었다. 내가 『호랑이 인간 *Lelaki Harimau*』의 줄거리에 매료되고 '경탄할 만한' 문체에 탄복했다는 걸 안 그는 우리 둘 다 아는 친구이자 소설가인 라보댈리 셈비링(Labodalih Sembiring)과 같이 번역 작업을 해 보면 어떠냐고 제안했다. 댈리는 호주에 산 적이 있어서 영어를 잘했다. 결국 나는 네 달여 동안 좌절감에 시달리기도 하고 웃기도 하면서 이 작업을 도왔다. 평소 말레이 인도네시아어에는 자신이 있었는데, 그 소설을 번역하다보니 페이지마다 자바어와 순다어뿐 아니라 인도네시아어 사전도 뒤져 봐야 했다. (에카는 자바와 순다 간의 국경에 있는 시골 마을에서 나고 자랐다.) 그의 문장은 정말 아름답고, 시적이고, 세련된 느낌이었다. 그런데 작가와 독자 중 어느 쪽이 더 중요한지 결정하기는 쉽지 않았다. 그가 처음 읽은 유럽 소설은 크누트 함순의 무서운 소설 『굶주림』이었고, 기교 면에서는 컬럼비아의 가브리엘 가르시아 마르케스를 사숙했지만, 머릿속에는 늘 어린 시절에 믿었던 고향마을의 이야기와, 태어나기 전인 1965~66년에 일어난 끔찍한 공산주의자 학살 사건, 그리고 무차별적인 도시화의 부작용 등이 맴돌고 있었다. 가장 큰 문제는 그처럼 낯설고 오래된 일들을 도회적이고 자족적인 언어인 영어를 사용해서 무섭고, 비극적이고, 실감나는 작품으로 번역해 내는 일이었다.

후기

학술 서적 수십 권의 색인을 뒤져도 '운(運 luck)'이라는 항목은 찾기 힘들 것이다. 학자들은 '사회적 인자,' '제도적 구조,' '이념,' '전통,' '인구 통계학적 추이' 같은 용어를 선호하고, '요인'이나 거기서 비롯되는 복잡한 '결과'들을 신봉하기 때문이다. 그런 지적 맥락에서 우연은 들어설 자리가 없다.

나는 가끔 학생들에게 본인이나 가족이 교통사고(accident '사고')를 당한 적이 있느냐고 묻는다. 그렇다는 학생이 있으면, "그게 정말 사고(accident '우연')였다고 생각하나?"라고 묻는다. 그러면 그 학생은 대개 "그럼요! 할머니가 가게에서 5분만 더 얘기하다 나오셨으면 오토바이에 치이시지 않았을 거예요."라든가, "그 오토바이 운전자가 여자친구 집에서 5분만 더 일찍 나왔으면 할머니는 지금도 그 가게에서 얘기하고 계실 거예요." 한다. 그러면 나는 "그렇다면 정부가 그 해 크리스마스 휴가 기간 동안 대충 몇 명이 사고로 죽을지 꽤 정확히 예측할 수 있다는 건 어떻게 설명할 수 있을까? 실제 사망자 수가 5,000명이라고 하자구. 정부는 지난 몇 년 동안의 통계를 보고 예컨대 32명이나 15,000명이 아니라 4,500명에서 5,500명 정도일 거라고 예측했겠지. '사고'의 수를 그처럼 정확히 예측할 수 있게 해주는 '요인'들은 무엇일까?"라고 묻는다. 그러면 영리한 학생이 개연성 이론이라든가 '통계적 개연성' 같은 대답을 내놓는다. 그런데 어떤 의미에서 '개연성'을 '요인'으로 볼 수 있을까? 백여 년 전에밀 뒤르켐(Emile Durkheim)은 인간이 할 수 있는 가장 외로운 행동, 즉 자살을 연구할 때 바로 그 의문에 부딪쳤다.

말하자면 우리는 지금 이 시대에도 일상적인 생각을 할 때 운은 물론이고 우연도 배제할 수 없다는 것이다. 우리는 불운의 원인을 설명하려고 애쓰기도 한다. 내가 이 책에서 학자와 지식인으로 살아온 지난 세월을 기술하면서 태어난 시기와 장소, 부모님과 선대 어른들, 모국어, 교육, 미국으로의 이주와 동남아에서의 경험 등, 여러 면에서 참 운이 좋았다고 얘기하는 것도 바로 그 때문이다. 나야말로 가게 주인과 5분 더 얘기한 덕분에 교통사고를 피한 할머니가 된 기분이다.

그렇지만 아무 일도 안 하고 가게에서 기다리기만 하면 행운이 찾아오지 않는다. 운은 흔히 예기치 못한 기회의 모습을 하고 찾아오기 때문에, 그런 때는 용감하게든 무모하게든 운이 달아나기 전에 얼른 붙잡아야 한다. 학자가 정말 생산적인 삶을 살려면 반드시 이런 모험심이 있어야 한다. 인도네시아 사람들은 누가 어디 가느냐고 물을 때, 알려주고 싶지 않거나 아직 결정을 안 한 상태라면, 마치 항구에서 대양으로 나가는 배라도 된 듯, "바람을 기다리고 있어(lagi tjiari angin)."라고 대답한다. 이때의 모험은 내가 어릴 때 책에서 즐겨 읽은 모험과는 전혀 다르다. 자기 분야나 학과, 대학에 안주하는 학자는 항구를 벗어나거나 바람을 기다리지 않을 것이다. 그런데 정말 중요한 것은 바람을 기다리고, 내 쪽으로 그 바람이 불어오면 얼른 그 바람을 따라 나아가는 정신이리라. 빅터 터너(Victor Turner)의 순례 이미지를 빌려 표현하자면 물리적, 정신적 여행은 둘 다 중요하다. 언젠가 짐 시글이 "벤, 내가 아는 사람들 중에서 자기 전공과 상관없는 책들을 읽는 사람은 자네뿐이야."라고 한 적이 있다. 내 입장에서는 정말 기분 좋은 칭찬이었다.

학자들, 특히 젊은 학자들은, 자기가 몸담고 있는 연구 환경에 대해 가능한 한 많은 것을 알고 있어야 한다. 환경은 학자들에게 큰 특전을 주기도 하지만, 구속하거나 방향 감각을 잃게 만들 수도 있기 때문이다. 8대 선진국 교수들은 아주 많은 월급을 받고, 개인 시간이나 여행할 기회도 많고, 신문이나 텔레비전을 통해서 일반 대중을 만날 기회도 많다. 그런데 자국의 지도자들과 만날 기회는 별로 없다. 미국에서는 키신저(Kissinger)나 브레진스키(Brzezinski), 서머스(Summers)[1], 라이스(Rice)[2]처럼 아주 유명한 정치인 교수도 더러 있었지만, 1,400여 개의 대학이 있는 큰 나라여도 워싱턴에는 그런 대단한 전례가 없다. 중진국 이나 후진국 교수들은 월급은 미국보다 적지만, 사회적 위상이 높고 미디어도 쉽게 접할 수 있고, 수도권 대학에 근무하는 경우에는 대통령의 주변 인물들과 개인적인 친분을 쌓을 수도 있다. 선진국이든 중·후진국이든 이유는 다르지만 대학 교수들은 미래가 보장되는 편이다. 교수들이 많은 월급을 받고 미래를 보장받는 이유는 '학문의 자유'를 지키고 전문성을 확보하기 때문이라고 한다. 첫 번째 주장은 교수들이 정말 그런 활동을 한다면 당연하고 고전적인 이유가 될 수 있다. 그런데 안 그러는 교수도 있다. 두 번째 이유는 더 최근에 등장했고 좀 더 모호하다. 전문성이라는 것이 선배 교수들이 세운 기준에 근거한 것이고, 그 분야에서 긴 수습 과정을 거쳐야 하고, 머리가 좋더라도 그 분야 전문가가 아니면 이해하기 어려운 용어들이 관련되어 있기 때문이다. 그뿐 아니라, 교수들은 전통적으로 아주 자기

---

1 로렌스 서머스(Lawrence Summers, 1954년생): 하버드대 교수(1983), 대통령 경제자문위원(1982), 재무부장관(1999), 하버드대 총장(2001~2006)을 역임한 경제학자.

2 콘돌리자 라이스(Condoleezza Rice, 1954년생): 덴버대 정치학 박사로, 미국 대통령 국가안보 특별보좌관(1989), 스탠퍼드 대학교 부총장(1994), 백악관 국가안보 보좌관(2001), 국무 장관(2004) 역임.

방어적이기 때문에 보수적이고, 체제 순응적이고, 나태해지기
쉽다.

요즘 전문성은 대학 사회의 이념이나 현실의 변화와 점점 더
긴밀히 연결되고 있다. 거의 어디서나 정부가 대학의 업무에 적
극적으로 관여하고 있다. 정책 입안자들이 학생과 교수의 교육
과 연구를 '노동 시장'의 '인력 수요'와 맞추고, 인구 동향에 철
저하게 대처하려 하기 때문이다. 점점 더 많은 나라들이 정부
의 정책 어젠다에 맞는 과제에 연구비를 주고 있다. (예컨대 미
국은 요즘 '테러리스트 연구'와 '이슬람 연구'에 엄청난 돈을 쏟아
붓고 있는데, 이 중 상당액은 진부하거나 기계적인 연구에 낭비될
것이다.) 상당히 오래 전부터 기업들도 직·간접적으로, 그리고
긍정적이거나 부정적인 방식으로 학자들의 연구에 점점 더 큰
영향을 미치고 있다. 심지어 사회학이나 인문학 분야도 예외가
아니다.

전문화는 학부 수업에도 영향을 주고 있다. 18세~21세 사이
의 젊은이들에게 폭넓고 일반적인 교양을 심어 준다는 관점은
약해지고, 4년간의 대학 생활이 주로 노동 시장에 들어가기 위
한 준비 과정이라는 사실을 주지시키고 있기 때문이다. 이런 변
화를 되돌리거나 늦추기는 힘들기 때문에, 대학 당국이나 교수,
학생들이 이 상황을 정확히 이해하고 그에 대해 비판적인 시각
을 견지하는 게 정말 중요하다. 나는 대학 교육에 대한 전통적

인 시각이 (보수적이고 좀 비현실적이지만) 강하게 남아 있을 때 학교를 다녀서 정말 다행이라고 생각한다. 『상상의 공동체』는 그런 시각에 뿌리박고 있지만, 요즘 대학에서 그런 유의 책이 나올 가능성은 별로 없다.

냉전 국가의 편견과 이념에 순응하라는 압력이 대단하던 1950년대 미국에서 가장 용감하고 재미있고 명민한 만화는 바로 월트 켈리(Walt Kelly)의 『포고 *Pogo*』였다. 플로리다 주의 습지를 무대로 한 그 만화에는 위험한 정치가, 기회주의적인 지식인, 정치에 관심 없는 보통 사람, 선량하지만 우스꽝스러운 미국의 평범한 시민을 풍자한 여러 동물이 등장했다. 그중에서 주인공, 작고 순진한 포고만이 정말 사려 깊은 존재이고, 켈리는 바로 이 동물에게 최고로 재미있고 통찰력 있는 대사를 주었다. "적을 만났는데, 그게 바로 우리더라고." 이 회의적이고 자기 비판적인 시각, 이게 바로 오늘날의 지식인에게 가장 필요한 덕목이라고 생각한다. 정치가, 관료, 대기업 간부, 기자, 매스미디어의 연예인을 무시하는 건 어렵지 않지만, 우리 자신이 일하고 있고 당연한 것으로 여기는 대학 사회의 구조를 지적인 거리를 두고 관찰하는 건 훨씬 더 어려운 일이다.

젊은 학자들은 민족주의와 세계화의 상호 작용이 빚어내는 결과를 진지하게 생각해 봐야 한다. 이들은 둘 다 우리의 시야를

틴어로 글을 쓰고 책을 펴냈기 때문에 유럽 대부분의 지역에 영향을 미칠 수 있었다. '차이'와 '낯섦'은 경쟁과 갈등에서 오는 이런 정치적 혼란의 불가결한 일부였다. 르네상스 시대에 고대 그리스 로마 문화가 재발견되면서, 성직자뿐 아니라 다른 분야 사람들도 라틴어를 쓰게 되었다. 이런 상황에서 교회의 교리를 믿지 않는 세속의 지식인들은 고대 문화를 접하게 되었고, 유럽 여러 나라는 점점 더 경쟁적으로 고대 문화를 연구했다. 일부 프랑스 지식인들이 자국 문화의 우위를 주장하기 시작한 17세기 전까지는 유럽의 어느 나라도 자기 문화가 고대 문화보다 더 낫다고 주장하지 못했고, 문명화되기 위해 경쟁적으로 고대 문화를 연구했다. 전쟁 중이든 평상시든 유럽의 어느 나라도 (중국의 중화사상처럼) 자기 나라가 문명의 중심이고 1등이라고 큰소리칠 수 없었던 것이다. (고대에 대한 지식을 포함한) 문화, 정치, 세계 지리, 경제학, 기술, 전략과 전술 등 여러 분야에서 유럽 국가들은 늘 혁신하고, 발명하고, 모방하고, 상대의 지식을 빌려다 썼다.

동아시아에서는 이런 일이 일어나지 않았고, 남아시아 역시 마찬가지였다. 동아시아의 경우, 중국과 일본은 둘 다 지리적, 문화적 경계를 세우고 걸핏하면 과격한 쇄국정책으로 '야만적인' 외부 세계를 차단하려고 했다. 이들은 정치, 경제, 기술, 문화에서 다른 나라들과 경쟁해야 한다는 생각을 별로 못했다. 이

방면에서 동남아시아만이 유럽과 비슷했다. 동남아는 원래 문화, 언어, 인종, 종교적으로 다양한 곳이었는데, 역사적으로 지역 전체를 아우르는 제국이 없었고 (그래서 정치적 격변이 자주 일어났고), 나중에 서구 열강의 식민 지배를 받으면서 그 다양성이 더 커졌다. 이 지역은 무역을 통해 외부 세계와 자주 접촉했다는 점에서도 유럽과 비슷하다.

로마 제국 이후로 유럽은 한 국가가 안정적으로 그 지역 전체를 다스린 적이 없기 때문에 중소 규모의 국가들이 늘 갈등, 협력, 무역, 학문적 교류를 계속해 왔고, 대개 전제적인 군주정에 대한 반발로 아래로부터 언어/인종적 민족주의가 탄생할 수밖에 없는 여건이었다. 유럽 여러 나라의 민족주의는 아메리카 대륙의 혼성적(Creole) 민족주의의 여러 요소를 차용했지만, 자신들의 혼성적 조상은 알지 못했던 19세기 낭만주의의 영향을 아주 많이 받았다. 뛰어난 시인, 소설가, 극작가, 작곡가, 화가들이 낭만주의에 완전히 매료되었다. 유럽의 민족주의자들은 자신들과 마찬가지로 폭압적인 제국으로부터 해방되기 위해 애쓰는 다른 나라 민족주의자들의 존재를 알고 있었고, (물론 늘 그런 것은 아니지만) 그들과 연대 의식을 느끼기도 했다. 그리고 이 연대 의식은 이후 국제연맹, 국제연합 등 여러 형태로 제도화되었다.

그런데 세계 대전 이후에 등장한 신생 민족주의들은 대부분 오래된 국가와 결합되었다. 오늘날 민족주의는 정부 및 (군대, 미디어, 학교, 대학교, 종교 기관 등) 정부 유관 기관의 강력한 도구로 작용하고 있다. 내가 도구라는 말을 강조하는 이유는 국가의 기본 논리는 바로 '국가의 존재 이유(raison d'état)', 즉 국가 자체의 생존과 권력, 특히 자국민에 대한 권력이기 때문이다.[3] 그렇기 때문에 오늘날의 민족주의는 과거의 반제국주의적 민족주의와 달리 다른 나라들과의 연대에는 관심이 없는 억압적이고 보수적인 세력의 도구로 전락하는 경우가 많다. 아시아만 봐도 중국, 버마, 남한과 북한, 샴, 일본, 파키스탄, 필리핀, 말레이시아, 인도, 인도네시아, 캄보디아, 방글라데시, 베트남, 스리랑카 같은 나라의 역사가 그 결과를 보여 준다. 그런 경우 민족주의는 국민들에게 비논리적이고 극도로 예민한 국수주의와 편견을 심어주게 된다. 그리고 대개는 (이 문제에 대해 쓰지 말라! 저것에 대해 얘기하지 말라! 등) 다양한 금기와, 그것을 강요하는 검열의 형태로 표현된다.

오래 전부터 무정부주의, 레닌주의, 뉴 레프트, 사회민주주의 등 여러 형태의 사회주의가 진보적이고 해방주의적인 민족주

---

3 (원저자 주) 그렇다고 내가 작금의 민족주의가 강력한 해방주의적, 평등주의적 요소를 담고 있다는 사실을 부정하는 건 아니다. 예컨대 민족주의가 없었다면 결코 여성, 소수 민족, 게이 및 레즈비언들의 지위가 이처럼 현저히 개선될 수 없었을 것이다.

의가 발전할 수 있는 '국제적' 여건을 제공해 왔다. '공산주의'의 몰락 이후 세계적으로 일종의 진공 상태가 계속되고 있는데, 그나마 페미니즘, 환경운동, 신무정부주의, 그리고 비인간적인 신자유주의와 위선적인 '인권 보호 운동'에 맞서서 같이 또는 독자적으로 싸우고 있는 여러 '이즘'들이 일부나마 그 빈자리를 채우고 있다. 그렇지만 길게 보면 그 빈자리를 제대로 채우기 위해서는 할 일이 아주 많다. 그렇게 하려면 어떤 일을 어떻게 해야 할지 알아내는 데 있어 젊은 학자들이 크게 기여할 수 있을 것이다.

패권 국가들은 자기 입맛에 맞게 '인권'을 보편적이고 추상적이며 세계적인 가치로 내세울 때가 많다. 반면에 각국의 정부는 전 국민의 평등권을 추구하는 인권 운동가들을 쉽게 제지하지 못한다. 진정한 해방을 이루는 데 오랜 세월이 걸리긴 했지만 미국의 인권운동이 흑인 및 여성의 정치, 사회 경제적 권리를 실질적으로 확대한 것이 좋은 예가 될 것이다. 이렇게 보면 '국가'와 '민족주의'는 여전히 큰 잠재력을 갖고 있는 개념이다.

이런 각도에서 볼 때, 국가가 너무 급하게 밀어붙이지만 않는다면 (인도네시아의 반정부 인사들은 정부를 '무서운 귀신siluman'이라고 부른다), '지역 연구' 역시 가치를 지니고 있다. 그런 정부는 정치적·경제적 어려움이 닥치면 국민들에게 민족주의나 위기의식을 불어넣곤 한다. 일본의 젊은이들이 버마어를 배우

언제나 빛나라,

어디서나 빛나라,

마지막 그 날 최후의 순간까지!

빛나라 —

다른 거야 다 될 대로 되라지!

그게 바로 나와 —

저 태양의 모토!

　마지막 연을 읊으며 나는 눈물을 흘렸다. 몇몇 학생들도 마찬가지였다. 그들은 여전히 구전 전통의 일부였던 것이다. 그리고 구글 때문에 이 전통은 사라지고 있다. 하지만 한 가지는 그대로 남아 있다. 바로 다락이나 큰 가방 속에 남아 있는 손편지들이다. 이 편지들은 수십 년, 아니 어떤 경우는 수백 년 동안 그 내밀한 삶을 이어간다.

　일부러 그런 건 아니겠지만, 구글은 뭔가 훨씬 더 무서운 것의 상징이다. 바로 타락한 (미국식) 영어가 세계를 지배하게 되는 상황 말이다. 지금 미국에서는 미국 영어로 쓰이고, 미국에서 출판되는 자료로만 이루어진 참고문헌을 단 학술 자료가 대부분이다. 외국 자료가 들어 있더라도 대개 일본어나 포르투갈어, 한국어, 아랍어로 된 원전을 20년 전에 미국 영어로 번역한 버전이다. 미국 영어로 번역되어야 비로소 가치가 있다는 느낌까지 들 정도다. 미국만의 문제도 아니다. 대략 1820년에서 1920년 사이에 영국에서도 똑같은 일이 벌어졌기 때문이다. 하지만 당시 영국은 유럽의 일부였고, 독일어, 프랑스어, 이탈리아어로 된 자료도 흔히 인용되곤 했다. 그런데 지금은 점점 더 많은 학자들이 미국 영어로 논문을 출판해야 한다고 생각한다. 이는 그 자체로는 문제가 아니고, 우리의 생각에 영향을 주지 않는다면 자연스러울 수도 있는 현상이다. 하지만 그런 사조 때문에 세계적으로 점점 더 많은 학자들이 미국 영어로 논문을 써야 국제적으로 인정받을 수 있다고 느끼고, 미국 학자들이 점점 더 나태해져서 현장 연구에 필요한 경우가 아니면 외국어를 배우지 않는다는 것이 문제다. 사어가 된 라틴어와 살아 있는 미국 영어 사이에는 엄청난 차이가 있다. 미국으로 이주한 정치학자 카를 도이치(Karl Deutsch)의 말이 맞을 수도 있다: "남의 말을 듣지 않아도 된다는 게 권력이다(Power means not having to listen)."

이런 식의 '세계화'는 물론 저항을 받고 있고, 이 투쟁에서 가장 강력한 무기는 바로 민족주의다. 세상에는 정치적으로 미국의 패권에 반대하는 뛰어난 학자들이 많이 있고, 이들은 일부러 모국어로 글을 쓴다. 그런 경우 독자는 자국민일 수도 있고, (스페인어, 러시아어, 포르투갈어, 프랑스어, 아랍어 등) 더 넓은 지역에서 사용되는 언어라면 몇몇 국가의 학자들일 수도 있다. 정치와는 상관없이 모국어만으로 글을 쓰는 사람도 많다. 모국어를 쓸 때 자신을 가장 잘 표현할 수 있어서 그럴 수도 있고, 외국어를 배우기 귀찮아서 그럴 수도 있다. 그런다고 크게 나쁠 것도 없고, 그렇게 해야 좋은 점도 많이 있다. 하지만 그렇게 되면 외국의 멋진 독자들을 놓칠 수도 있고, 편협한 민족주의에 빠질 수도 있다.

민족주의와 세계화는 둘 다 우리의 시야를 좁게 만들고 문제를 단순화할 수 있다. 인간 해방을 위한 민족주의와 국제주의의 잠재력을 능숙하고 진지하게 섞을 필요성이 점점 더 커지고 있는 것은 바로 그 때문이다. 낙관적인 상태의 카를 마르크스와 월트 켈리의 유지를 받들어, 나는 젊은 학자들에게 이런 슬로건을 제안하고 싶다:

해방을 위해 투쟁하는 개구리들이 컴컴한 코코넛 껍데기 속에만 쪼그리고 있으면 절대 이길 수 없으리니.
세계의 개구리들이여, 연대하라!

찾아보기